無理なく、
おいしく使い切る！

# 野菜たっぷりレシピ

渥美まゆ美

池田書店

## 主役を野菜に持ってくれば、日々の献立決めが楽になる

野菜は健康を維持するために欠かせない食材の1つですが、「健康のために」「たっぷり食べないと」という意識が先行してしまいがちです。本来野菜は食卓に、彩りとおいしさをプラスしてくれる存在であるべきだと思います。その中で自然と自分の体の健康作りにもつながる……そういった存在になればと思っています。それでは、どうしたら義務的にならずに、自然と野菜を楽しめるのでしょうか。私はいつも「今日はどの野菜を使うか」から食事を考えることが多いです。結局献立は、豚肉のしょうが炒め1つをとっても、キャベツを加えたり、もやしを加えたり、ピーマンを加えたりと、味つけは同じでも野菜を替えるだけでアレンジできるので、野菜の次に「肉か魚か、豚肉か鶏肉か牛肉かひき肉か……?」というように、組み合わせるたんぱく源を決めるようにしています。そうすれば、無理のない野菜たっぷりの食卓が広がり、野菜も無駄なく使い切ることができます。冷蔵庫での食品ロスを減らすという意味でも、地球にも体にも優しい献立の決め方になるのです。また、野菜それぞれの味や素材の特徴がわかれば、どんな料理もおいしく組み合わせることができるようになります。ぜひみなさんも、肩の力を抜きながら、野菜たっぷりでおいしい食事を楽しんでください。この本が少しでもみなさんの日々のごはんに対する心や体の負担や、健康志向に対するネガティブさを払拭して笑顔と健康につながる食卓作りの助けとなる1冊になれば幸いです。

渥美まゆ美

# CONTENTS

2 | プロローグ

8 | この本の特徴

10 | 野菜を買ってきたら
使い切るイメージをする

12 | 基本のワザ① かさを減らす

14 | 基本のワザ② シンプルに使いまわす

16 | 基本のワザ③
辛くならない使い切りの方法をマスターする

18 | 基本のワザ④
味つけバリエで飽きずに食べる

20 | 基本のワザ⑤ 使い切るための
冷蔵＆冷凍保存を利用する

22 | 基本のワザ⑥
調味料をおいしく賢く使い切ろう

---

## Part 1　大きめ野菜の使い切り

26 | **キャベツの使い切り**

27 | 作りおき　のり和え無限キャベツ／
キャベツとカリカリベーコンの黒こしょう炒め

28 | 作りおき　キャベツとむきあさりのワイン蒸し／
キャベツと刻み昆布の浅漬け

29 | 作りおき　キャベツとサーモンのマリネ／
キャベツとウインナーのミネストローネ

30 | 主菜　せん切りキャベツの皮しゅうまい／
レンチンホイコーロー

31 | 主菜　キャベツと鮭のちゃんちゃん焼き／
キャベツと豚肉のミルフィーユ蒸し

32 | 主菜　たっぷりキャベツのメンチカツ／
キャベツと鶏もも肉のハニーマスタード炒め

33 | 副菜　せん切りキャベツの和風コールスロー／
キャベツとパプリカの温野菜みそマヨソースがけ

34 | 副菜　キャベツのカレーチーズ炒め／
焦がしキャベツのみそ汁

35 | 主食　たっぷりキャベツのお好み焼き／
巣ごもり卵トースト

36 | **白菜の使い切り**

37 | 作りおき　とろとろ白菜のミルクスープ／
白菜とかいわれ大根のなめたけ和え

38 | 作りおき　白菜とわかめとちくわのごま和え／
白菜と生ハムオレンジのマリネ

39 | 作りおき　白菜と小えびのさっと煮／
白菜とレモンの塩こうじ漬け

40 | 主菜　白菜と豚肉のレンチンロール巻き／
白菜と厚揚げのピリ辛炒め

41 | 主菜　白菜と鶏団子のさっと鍋／
白菜とかにかまのとろーり卵とじ

42 | 主菜　白菜チゲ／白菜の和風そぼろあん

43 | 副菜　ラーパーツァイ／
白菜とベーコンのガーリックケチャップ炒め

44 | 副菜　くし形切り白菜のステーキ／
白菜とパクチーのアジアンサラダ

45 | 主食　白菜と鶏手羽元の参鶏湯／
とろとろ白菜と豚肉の春雨あん

46 | **大根の使い切り**

47 | 作りおき　シャキシャキ大根のゆず風味漬け／
七味風味の大根甘辛炒め

48 | 作りおき　大根とウインナーのナポリタン／
ふろふき大根からしみそダレ

49 | 作りおき　大根マヨポンサラダ／大根きんぴら

50 | 主菜　こっくり豚バラ大根／大根豚しゃぶサラダ

51 | 主菜　大根カレー／白身魚のレンチンおろし煮風

52 | 主菜　揚げ大根と鶏もも肉のコク旨煮／
ワンパンぶり大根

53 | 副菜　焼き厚揚げの梅しそおろしがけ／
大根おかかサラダ

54 | 副菜　大根ステーキ濃厚ガーリッククリームソース／
大根のめかぶ和え

55 | 主食　大根ごはん／大根とのりのからみもち

56 | **かぼちゃの使い切り**

57 | 作りおき　かぼちゃのガーリックパルメザンソテー／
かぼちゃきんぴら

| | | |
|---|---|---|
| 58 | 作りおき かぼちゃのカレー炒め／レンチンかぼちゃの煮つけ風 | |
| 59 | 作りおき かぼちゃとチーズのサラダ／かぼちゃのケチャップ煮風 | |
| 60 | 主菜 かぼちゃのスコップコロッケ／かぼちゃシチュー | |
| 61 | 主菜 かぼちゃとベーコンのスペイン風オムレツ／かぼちゃと鶏もも肉のカシューナッツ炒め | |

| | |
|---|---|
| 62 | 主菜 かぼちゃとカリカリ豚肉の南蛮漬け／かぼちゃ入りシュクメルリ |
| 63 | 副菜 かぼちゃとアーモンドのスパイス炒め／かぼちゃのヨーグルトソースがけ |
| 64 | 副菜 かぼちゃ大学いも／かぼちゃと鶏ささみ肉のみそマヨ和え |
| 65 | 主食 かぼちゃとあんこのトースト／かぼちゃのニョッキチーズソース |

# Part2　まとめ買いがお得！ な野菜の使い切り

## 68　玉ねぎの使い切り

| | |
|---|---|
| 69 | 作りおき 玉ねぎと厚切りベーコンのポトフ／しっかり玉ねぎのポークジンジャー |
| 70 | 作りおき 玉ねぎ甘酢漬け／玉ねぎとちくわオイスターソース炒め |
| 71 | 主菜 とろける玉ねぎの牛すき煮／玉ねぎと桜えびのかき揚げ |
| 72 | 主菜 玉ねぎと鶏もも肉のチーズダッカルビ／紫玉ねぎとあじの洋風なめろう |
| 73 | 副菜 輪切り玉ねぎのバターめんつゆソテー／紫玉ねぎとパクチーのさば缶サラダ |
| 74 | 副菜 ごろごろ玉ねぎのツナマヨ焼き／玉ねぎのスパイシーソテー |
| 75 | 主食 あめ色玉ねぎのオニグラ／焼き玉ねぎの炊き込みごはん |

## 76　にんじんの使い切り

| | |
|---|---|
| 77 | 作りおき にんじんマスタード炒め／にんじんとセロリのなます |
| 78 | 作りおき 基本のにんじんしりしり／にんじんと青じその梅チーズ和え |
| 79 | 主菜 にんじんとひき肉の炒り豆腐／にんじんとシーフードのチヂミ |
| 80 | 主菜 たらのにんじん甘酢あんかけ／にんじんのレンチン肉巻き |
| 81 | 副菜 にんじんのバターコンソメソテー／にんじん明太子炒め |
| 82 | 副菜 にんじんレモンマリネ／にんじんチーズ焼き |
| 83 | 主食 丸ごとにんじんのバターライス／キャロット蒸しパン |

## 84　じゃがいもの使い切り

| | |
|---|---|
| 85 | 作りおき クリーミーマッシュポテト／じゃがいも明太子炒め |
| 86 | 作りおき じゃがいもカッテージチーズ和え／ジャーマンポテト |
| 87 | 主菜 じゃがいもと豚肉のカムジャタン風／白身魚のせん切りポテトフライ |
| 88 | 主菜 しみ旨肉じゃが／じゃがいもと鶏もも肉のみそバター炒め |
| 89 | 副菜 ガーリックベーコンのポテトサラダ／フライドポテトスパイスチーズ |
| 90 | 副菜 スライスポテトのカリカリ焼き／ポテトもち |
| 91 | 主食 ポテトグラタン／フライパンポテトピザ |

## 92　トマトの使い切り

| | |
|---|---|
| 93 | 作りおき ラタトゥイユ／ミニトマトの青じそマリネ |
| 94 | 作りおき 万能トマトソース／トマトと鶏ささみ肉のごま中華和え |
| 95 | 主菜 トマトおでん／トマトのふわふわ卵とじ |
| 96 | 主菜 トマト入り肉団子フライ／さば缶のトマト煮込み |
| 97 | 副菜 冷やしトマトと青じそのカプレーゼ／トマトブルスケッタ |
| 98 | 副菜 焼きトマトのツナチーズ／ガスパチョ風 |
| 99 | 主食 すりおろしトマトのそうめん／たっぷりトマトのニューローメン |

**100 きゅうりの使い切り**

101 作りおき 縞々きゅうり漬け／
叩ききゅうりのピリ辛和え

102 作りおき きゅうりのタラトール／
ポリポリきゅうりの漬け物

103 主菜 きゅうりのそぼろ炒め／
きゅうりと蒸し鶏のサラダ

104 主菜 きゅうりといかの豆板醤炒め／
きゅうりとえびのジンジャー炒め

105 副菜 きゅうりのわさび納豆和え／
きゅうりとハムの生春巻き

106 副菜 きゅうりのライタ／きゅうりのキムチ和え

107 主食 冷や汁／
きゅうりとチーズの洋風ちらし

**108 なすの使い切り**

109 作りおき 揚げなすの南蛮風／なすのアチャール

110 作りおき なすとにんじんの塩昆布漬け／
蒸しなすしょうがダレ

111 主菜 たっぷりなすのガパオ風／
なすと豚肉のごまみそ炒め

112 主菜 なすの挟み揚げ／
なすと鶏むね肉のチリソース炒め

113 副菜 焼きなすと青じそのさっぱりわさび和え／
なすのかば焼き風

114 副菜 なすとベーコンのコンソメ炒め／
翡翠なすとみょうがのみそ汁

115 主食 なすのそうめん風／
ごろごろなすのミートパスタ

**116 ピーマン・パプリカの使い切り**

117 作りおき ピーマンのレンチン中華和え／
ピーマンの焼き浸し

118 作りおき 黄パプリカとツナのやみつき炒め／
ピーマンのコチュジャン炒め

119 主菜 輪切りパプリカの肉詰め／
ピーマンと鶏むね肉のオイスターソース炒め

120 主菜 ピーマンチャンプルー／麻婆ピーマン

121 副菜 ピーマンとちくわの甘辛炒め／
ピーマンじゃこねぎソースがけ

122 副菜 ピーマンとさつま揚げのからし炒め／
ピーマンミニピザ

123 主食 ピーマンと豚こま切れ肉の焼きそば／
赤パプリカとウインナーのジャンバラヤ

**124 ブロッコリーの使い切り**

125 作りおき ブロッコリーアンチョビ炒め／
ブロッコリーと鶏ささみ肉のオーロラソース和え

126 主菜 ブロッコリーと鶏むね肉のポン酢しょうゆ
炒め／白身魚のブロッコリーパン粉焼き

127 主菜 ブロッコリーとえびの旨塩ダレ炒め／
ポークソテーブロッコリーソースがけ

128 副菜 ブロッコリーとたこのバジル和え／
ブロッコリーくるみ和え

129 主食 ブロッコリーとひき肉のペペロンチーノ／
ブロッコリーと卵のチーズグラタン

**130 とうもろこしの使い切り**

131 作りおき とうもろこしとナッツのスパイシー炒め／
焼きとうもろこしのポタージュ

132 主菜 とうもろこしとウインナーのかき揚げ／
たっぷりコーンのペッパーライス

133 主菜 とうもろこしと鶏もも肉のこんがりバターしょ
うゆ／ふわふわコーン入りオムレツ

134 副菜 とうもろこしとパセリの黒こしょう炒め／
コーンフレンチサラダ

135 主食 とうもろこしの和風炊き込みごはん／
とうもろこしとホットケーキミックスのケークサレ

**136 青菜の使い切り**

137 作りおき 小松菜と桜えびのさっと炒め／
春菊のナムル

138 作りおき ほうれん草のディップ／
ほうれん草としらすのわさびじょうゆ和え

139 主菜 春菊と納豆の袋焼き／
ほうれん草とベーコンのココット

140 主菜 ほうれん草とココナッツのチーズカレー／
小松菜と鶏むね肉のオイスターソース炒め

141 副菜 春菊とアボカドのシーザーサラダ／
春菊の白和え

142 副菜 ほうれん草とかにかまのコーンマヨ和え／
小松菜とがんものさっと煮

143 主食 ほうれん草と卵のチャーハン／
春菊とツナの和風パスタ

**144 かぶの使い切り**

145 作りおき かぶのゆずこしょう炒め／
かぶとハムのレモンマリネ

| 146 | 主菜　かぶのそぼろ煮込み／かぶと鶏もも肉のアジアン炒め |
|---|---|
| 147 | 主菜　白身魚のかぶら蒸し／かぶと鶏団子のごま豆乳クリーム |
| 148 | 副菜　かぶのミモザサラダ／かぶのすりながし汁 |
| 149 | 主食　かぶとザーサイのおかゆ／かぶとしらすのパスタ |

## さつまいもの使い切り 150

| 151 | 作りおき　さつまいもとナッツのサラダ／さつまいもオレンジ煮 |
|---|---|
| 152 | 主菜　さつまいもと鶏もも肉の甘酢炒め／さつまいもとさつま揚げの煮物 |
| 153 | 主菜　さつまいもとチーズの青じそ春巻き／さつまいもと牛肉のピリ辛炒め |
| 154 | 副菜　さつまいもとりんごのサラダ／さつまいものハニーマスタード炒め |
| 155 | 主食　さつまいもとベーコンの洋風炊き込み／さつまいもパイ |

## ごぼうの使い切り 156

| 157 | 作りおき　ごぼうの明太マヨサラダ／ごぼうとベーコンのバルサミコ炒め |
|---|---|
| 158 | 主菜　ごぼうと豚肉のキムチ炒め／ごぼうと鶏手羽先の梅煮込み |
| 159 | 主菜　ごぼうと牛肉のカレー炒め／甘旨鶏ごぼう |
| 160 | 副菜　ごぼうのかりんとう風／七味風味のごぼうきんぴら |
| 161 | 主食　ごぼう入りルーローハン／たっぷりごぼうの煮込みうどん |

## れんこんの使い切り 162

| 163 | 作りおき　れんこん甘酢／れんこんの青のりバター炒め |
|---|---|
| 164 | 主菜　えびとはんぺんのれんこん挟み焼き／れんこんと牛肉のガーリックオイスターソース炒め |
| 165 | 主菜　シャキッとれんこんつくね／れんこんと鶏ささみ肉の梅じそ和え |
| 166 | 副菜　すりおろしれんこんと崩し豆腐のみそ汁／れんこんとそぼろのゆずこしょう炒め |
| 167 | 主食　れんこんもち／れんこんあんかけ焼きそば |

## ねぎの使い切り 168

| 169 | 作りおき　焼きねぎのゆずポンマリネ／ねぎのバターしょうゆ炒め |
|---|---|
| 170 | 主菜　ねぎと鶏もも肉のヤムニョムチキン／チャーシューねぎ塩ダレ |
| 171 | 主菜　ねぎと豚肉のゆずこしょう炒め／ねぎとサーモンのカルパッチョ |
| 172 | 副菜　よだれ鶏ピリ辛ねぎソース／ねぎのみそチーズ焼き |
| 173 | 主食　たっぷりねぎの釜玉うどん／焼きねぎのジョン |

## もやしの使い切り 174

| 175 | 作りおき　もやしとザーサイの中華炒め／もやしのカレーナムル |
|---|---|
| 176 | 主菜　もやしのチャプチェ風／鮭のもやし中華あんかけ |
| 177 | 主菜　もやしと豚肉の卵炒め／たっぷりもやしの坦々スープ |
| 178 | 副菜　もやしとハムのマヨサラダ／もやしとたこの赤しそ和え |
| 179 | 主食　たっぷりもやしのパッタイ／もやしナポリタン |

## きのこの使い切り 180

| 181 | 作りおき　焼ききのこのマリネ／マッシュルームとしいたけの万能ソース |
|---|---|
| 182 | 主菜　いろいろきのことえびのアヒージョ／豆腐ソテーきのこあんかけ |
| 183 | 主菜　きのこと豚肉のめんつゆマヨネーズ炒め／たっぷりきのことたらの包み蒸し |
| 184 | 副菜　しめじのキムチ和え／エリンギのステーキガーリックしょうゆ炒め |
| 185 | 主食　きのこそば／きのこのミルクリゾット |

### column

| 24 | 余りがち調味料を使ってみよう① |
|---|---|
| 66 | 余りがち調味料を使ってみよう② |

| 186 | 味つけ別さくいん |

# 野菜を無駄なく
# 上手に使い切るレシピが満載！

一番おいしくて栄養たっぷりの旬の野菜こそ、無駄なくおいしく食べ切りたいもの。本書では、野菜それぞれの味や特徴を生かし、存分においしく食べられるコツとレシピを紹介しています。まずおさえたいのが、おいしい野菜の見極め方や栄養、正しい保存方法。

野菜自体のおいしさを長くキープしながら、健康を意識した食生活が送れるようになります。また、野菜をおいしく食べるための調理や調味のアイデアで、野菜料理のバリエーションをぐ～んと広げることができます。

# 大きめ野菜や、まとめ買いがお得！な野菜を
# さまざまな味わいの主菜・副菜・主食で楽しむ！

野菜は丸ごとで買ったほうがお得です。特に旬の野菜は、丸ごと買って新鮮なうちにおいしく使い切るのが一番。キャベツや白菜、大根などの大きめ野菜や、トマトやきゅうり、なす、ピーマンなどのまとめ買いがお得な野菜は、さまざまな味わいの作りおき、主菜、

副菜、主食に使って楽しみましょう。本書では、1つの野菜で作れるおかずのバリエーションを盛りだくさんにご紹介。何品か選んで作っていくうちに、自然に野菜を使い切ることができるようになります。

**大きめ野菜**

キャベツ　白菜

大根　かぼちゃ

**まとめ買いがお得！な野菜**

玉ねぎ　にんじん　じゃがいも　トマト　きゅうり　なす

ピーマン・パプリカ　ブロッコリー　とうもろこし　青菜　かぶ

さつまいも　ごぼう　れんこん　ねぎ　もやし　きのこ

## 目利き
おいしい野菜を見極める
目利きのポイントを紹介。

## DATA
野菜の旬、栄養、正しい
保存方法を紹介。

## 調理時間
下処理から仕上げ
までの調理にかか
る時間を表示。

## 調理器具
調理で使用してい
る主な道具をすべ
て表示。

## 味つけ
料理のベースとな
る味つけを表示。

## 保存期間
冷蔵・冷凍する際、
おいしく食べられ
る目安の保存期間
を表示。

# 白菜
## の 使い切り

鍋の具材として定番の白菜。加熱調理でかさを減らすとたっぷり食べられます。
やわらかい内側の葉は、サラダやマリネにするほか、
塊で蒸し焼きにして食べるのもおすすめです。

**目利き1**
葉先まで巻きが
しっかりしている

**目利き2**
ずっしりと重い

**目利き3**
（カットの場合）
芯の切り口が白く
断面が平らで、
切り口が割れていない

**DATA**
**旬**
11〜2月

**栄養**
ビタミンC、食物繊維のほか、む
くみや高血圧の予防につながる
塩分のとりすぎを調節するカリ
ウムを含み、また、旨味成分で
あるグルタミン酸や野菜のなか
でも多く含む。

**正しい保存方法**
丸ごとの場合は、新聞紙やキッ
チンペーパーで包んで野菜室
（冷暗な冷暗所も可）で立てて保存
し、新聞紙やキッチンペーパーが
湿ったら交換する（保存期間
約3〜4週間）。切ったものは、芯を
取り除き、乾燥しないようにラッ
プをぴったりして野菜室で保存
（保存期間 約7日間。または切っ
たものを冷凍用保存袋に入れて
冷凍で保存（保存期間 約1か月）。

**おすすめ調理アイデア**
水分が多いので加熱時間が長い
ものはその水分を生かした料理に
するのがポイント。塊は生食に、芯
は炒め物に向いている。

**よく合う味のテイスト**
白菜自体の味が薄いので、しっか
りした味の食材や調味料と合う。

**こんな調味料も！**
和風、洋風、中華風など、どのよう
な味つけアレンジもできる。甘味があ
ったら、苦味のある調味料にもよく
合う。

36

---

**とろけるおいしさ！**
クリーミーなスープをご堪能あれ

### とろとろ白菜の
### ミルクスープ

⏱ 10分｜鍋｜ミルク味｜冷蔵3〜4日｜冷凍1か月

**材料（2人分）**
白菜…1/8個（250g）
鶏こま切れ肉…100g
すりおろしにんにく…小さじ1
薄力粉…大さじ2
牛乳…300ml
コンソメ（顆粒）…小さじ1
塩…少々
こしょう…少々
バター…20g

**作り方**
1 白菜は3cm幅のざく切りにする。
2 鍋にバターを中〜弱火で熱し、鶏肉、にんにくを入れて鶏肉の色が変わるまで炒める。1を加え、さっと炒める。
3 薄力粉を加えて粉っぽさがなくなるまで炒め、牛乳を少量ずつ加えて混ぜる。コンソメを加えて一度立ちさせたら塩、こしょうで味をととのえる。

**memo**
全体的に薄味がない程度の火加減でしっかり加熱すること。まろやかな味わいで見た目もきれいなスープに仕上げる。食べるときにお好みでイタリアンパセリを散らしても。

---

**作り おき**

**シンプルな味つけなのにやみつきになると間違いなし！**

### 白菜と
### かいわれ大根の
### なめたけ和え

⏱ 8分｜ボウル｜ポン酢しょうゆ味｜冷蔵3〜4日｜冷凍NG

**材料（2人分）**
白菜…1/8個（250g）
塩…ふたつまみ
かいわれ大根…1/4パック（15g）
なめたけ…大さじ4
ポン酢しょうゆ…小さじ2

**作り方**
1 白菜はせん切りにする。塩をふって5分ほどおき、水けを絞る。かいわれ大根は根元を切り落とし、半分の長さに切る。
2 ボウルにすべての材料を入れて和える。

**memo**
なめたけの甘さとかいわれのピリ辛さがいいバランスだが、かいわれの辛みが苦手な方は豆苗に替えてもおいしく食べられる。

37

---

野菜のおいしい食べ方アイデア

「おすすめ調理アイデア」「よく合う味の
テイスト」「こんな調味料も！」に分けて
野菜をおいしく食べるアイデアを提案。

memo　料理のポイントや
おすすめのアレン
ジ方法などを紹介。

---

## 料理カテゴリー

| 作りおき | 主菜 | 副菜 | 主食 |
|---|---|---|---|

## 1つの野菜につき、4つのカテゴリーに分けてたくさん紹介！！

---

## この本の使い方

- 材料は2人分を基本としています。
- 計量単位は大さじ1＝15ml、小さじ1＝5ml、1カップ＝200ml、米1合＝180mlです。
- 「ひとつまみ」は小さじ1/6、「少々」は小さじ1/6未満を、「適量」はほどよい量を入れること、「お好みで」はお好みで必要があれば入れることを示します。
- 調理の目安時間は漬ける時間、おく時間、解凍時間、炊飯時間などは除いています。
- 食材はすべてよく洗い、水けを拭き取ってから使いましょう。
- 水けを拭き取る際は、キッチンペーパー（蛍光染料不使用）を使用しています。

- 野菜類は特に記載のない場合、皮を剥くなどの下処理を済ませてからの手順を説明しています。
- かぼちゃは種を取り除いた分量です。
- 火加減は特に記載のない場合、中火で調理してください。
- 電子レンジは600W、トースターは1200Wを基本としています。電子レンジは500Wの場合は加熱時間を1.2倍にしてください。機種によって加熱時間に差があることがあるので、様子を見ながら加減してください。
- 米と食材を一緒に炊いて作る際、調理機能のない炊飯器は使用を避けてください。
- 保存可能期間は目安の期間です。季節や保存状態によって、保存可能期間に差が出るので、できるだけ早く食べ切りましょう。

# 野菜を買ってきたら使い切るイメージをする

旬のおいしい野菜を買ってきたら、
本書のレシピを見ながら
どんな料理に使おうか？と思い巡らせてみて。
大まかに使い切り方を想像してみましょう。

1/4量

## 1

### すぐに食べたい料理に使う

まずはその日に食べたい料理は何かを考えてみましょう。
例えば、キャベツを1個買ってきたなら、今日はホイコー
ロー？それとも鮭のちゃんちゃん焼き？など、本書のレシ
ピを見ながら食べたい料理を書き出すところから始める
とよいです。使い切るイメージを最初にあらかじめ決めて
おきましょう。

### 翌日以降に食べたい
### 主食・主菜・副菜を決める

その日に食べたい料理を書き出したら、次は翌日以降に
食べたい主食、主菜、副菜を決めていきましょう。主食な
らお好み焼き、副菜ならコールスローやみそ汁など、和・
洋・中とバランスよく自分好みのレシピを探してみてくだ
さい。使い切りを考えるなら、使う分量を見ながらレシピ
を決めていくのがおすすめです。

1/4 量

＋

1/8 量

残りは…

## 作りおきを作っておく

少し時間があるときは、作りおきのおかずを作っておくのもおすすめです。保存がきくので、忙しいときのあと一品にも重宝します。本書で紹介している作りおきのメニューはどれも工程が簡単なものばかり。同じ野菜で何品か作って冷蔵庫に入れておくと、毎日の献立決めがぐ～んとラクになります。

## 3

## どうしても残ったときは
## 切りおきと冷凍で

まだ残っているけれど、何を作りたいか思いつかない…。そんなときは「切りおき」や「冷凍」がおすすめ。切りおきなら、せん切りにして保存容器に入れて野菜室で保存しておけば、添え野菜やサラダにすぐに使えます。冷凍なら、ざく切りなどにして冷凍用保存袋に入れて生のまま冷凍がよいです。凍ったままスープなどに使えて便利。

キャベツなら、スープや炒め物に使いやすいざく切りを冷凍保存。
せん切りは冷蔵室で保存して上手に使い切って。

# かさを減らす

野菜をたっぷり食べるためには、かさを減らすこともポイントの1つ。
生のままだと一度に量が食べられない野菜もペロリと食べられます。

## 蒸し焼き・蒸し煮・炒め煮にする

生野菜のかさを減らすには、加熱するのが一番。炒める、焼くなどの調理法もありますが、おすすめなのが、蒸し焼き、蒸し煮、炒め煮。手軽なうえ、野菜の旨味も逃さず、グッとおいしく仕上がります。キャベツ、白菜、青菜など、かさがある野菜には特に適しています。油で表面をじっくり焼き、調味料を加え、蓋をして加熱する「蒸し焼き」、材料を重ねて調味料を加え、蓋をして加熱する「蒸し煮」、肉や魚と一緒に炒めてから調味料を加え、蓋をして加熱する「炒め煮」、どれも野菜のかさを減らし、たっぷりおいしく食べられる調理法です。

## フライパンがあれば作れる

蒸し焼き、蒸し煮、炒め煮は、26cmぐらいのフライパンと蓋さえあれば、簡単に作れます。鍋でも作れますが、口径が広いフライパンで作るほうがムラなくジューシーに仕上がります。

### 思いっきりゆでて絞る

キャベツや白菜、青菜などの葉野菜は、たっぷりの熱湯でゆでれば、かさが減るのはあっという間。例えば、ほうれん草1袋はざく切りにして生のままだとかさがありますが、ゆでてギュッと絞るとかさは大幅に減ります。重さは水分を絞った分、70%ほどになりますが、ゆでたほうが食べやすくなるので、たっぷり食べることができます。

### 栄養やかさを残したいときはレンチンする

電子レンジで加熱する方法もありますが、キャベツや白菜、小松菜などは熱湯でゆでるよりもかさは減らないので歯応えやかさを残したいときはおすすめ。ただ、ビタミンCの損失は電子レンジ加熱のほうが少ないという特徴もあります。

### 葉野菜は塩もみしても

キャベツや白菜、青菜などの葉野菜は、塩もみをしてよく水けを絞ることでかさが減ります。また、塩もみはかさを減らすだけでなく、味つけになったり、苦味を取り除く効果などもあるので食べやすくなります。

# シンプルに使いまわす

野菜をたくさん食べるためには、さまざまな種類の野菜を買い揃えて
準備しなければ！ と思っていませんか？
もっとラクにおいしく野菜を食べる工夫をご紹介します。

## ボリューム・彩り・栄養素を考えて「ゆでおき」をする

主菜でポークソテーや鮭のムニエルなどを作ったとき、添えの野菜はレタスとトマトというようにマンネリになっていませんか？　それだけでは野菜が足りないから、もう一品副菜を作らなくては……と思っても、なかなか大変なものです。そこで提案したいのが野菜の「ゆでおき」。ブロッコリーやほうれん草、小松菜などの青菜、にんじん、アスパラガス、さやいんげんなど、旬の新鮮な野菜をゆで、水けをよくきって保存容器に入れ、冷蔵保存しておけば、いつでも彩り豊かでボリューム満点のサラダや和え物が作れます。ビタミン、ミネラルも手軽にたっぷりとれるのでおすすめです。

## ピーマンとにんじんは
## 塩、こしょうで炒める

ピーマンとにんじんは細切りにして、サラダ油でさっと炒め、味つけは塩、こしょうをふるだけのシンプル炒めがおすすめ。肉や魚のメインおかずのつけ合わせにもぴったり。

## 肉や卵をプラスして
## 主菜に変える

ピーマンとにんじんのシンプル炒めのストックがあれば、肉や卵をプラスするだけで、高たんぱく、高ビタミンの栄養満点のメインおかずのできあがり！ラーメンの具材にも使えます。

## さつまいもやかぼちゃは
## 蒸し焼きにする

さつまいもやかぼちゃは薄切りにして油をひいたフライパンで表面を焼き、塩少々をふって蒸し焼き、もしくは、耐熱皿に並べてふんわりラップをして電子レンジ加熱すると、いろいろ使えます。

## 相性抜群な
## 粉チーズをふりかける

蒸し焼きのまま食べるのもいいけれど、粉チーズをふりかければ、立派な一品に。また、ケチャップで和えれば、おいしいお弁当のおかずにも。

# 辛くならない使い切りの方法をマスターする

せん切り、乱切り、拍子木切り……など、野菜のおかずを作るときに面倒に感じてしまう「下処理」と「切る作業」。ポイントさえ知っていれば、もっとラクに野菜を使い切れます。

## 野菜は一気に切ってしまうのがコツ

分量を計ってその都度切る作業は、とても大変なもの。まずは、その野菜の使い方をイメージして。例えば、小松菜やにらなどは、どんな料理に使うことが多いか思い浮かべてみましょう。ざく切りで使うことが多ければ、一気にざく切りにし、ポリ袋などに入れて野菜室に保存します。料理によって使いたい分量を取り出して使えるからとってもラクチン。切るのが面倒で、そのまま野菜室で水っぽくなってしおれてしまった……という最悪な状況も予防できます。もし、切った野菜が余ったら、汁物などに入れて食べましょう。しめじやえのきたけも事前に根元を切り落とし、ほぐしておけば使いやすいのでおすすめ。

## ごぼうなどの
## 干からびやすいものは
## 作りおきを2品作る

根菜が野菜室の奥で干からびてしまった……という経験はありませんか？　ごぼうなどの干からびやすい野菜は、作りおきにしておくのがおすすめ。2品ほど作っておくのを目安に。

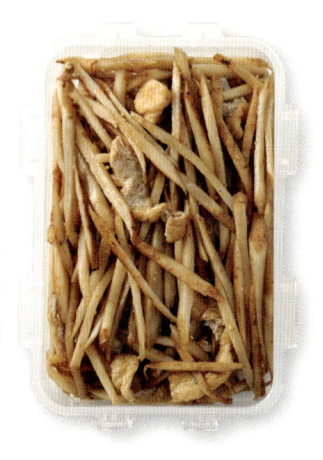

## 大量に届いた野菜は
## 作りおきをする、冷凍するなど
## 選択肢を広げる

旬の時期に大量に届いた野菜は、なるべくおいしく食べ切りたいもの。長期間の保存はきかないので、作りおきにしたり、適宜切って冷凍用保存袋に入れ、冷凍室で保存しましょう。

## 調理道具で
## 切るのがラクになる

切る作業が面倒な人は、調理道具でラクをしてもOK。ピーラーやスライサーを使えば、薄切りやせん切りもぐ～んと時短になります。キッチンバサミがあれば、小松菜やねぎなどのざく切りに便利。

# 味つけバリエで
# 飽きずに食べる

野菜をたくさん食べたいけれど、味つけを考えるのが苦手という人も多いのでは？
野菜の特徴に合わせて味つけバリエを覚えておいしく食べましょう。

## 油と味のベースを
## 考えるとラクになる

野菜を飽きずに食べる秘訣は、なんと言っても味つけのバリエーション。まずは、何味が食べたいかを考えてみましょう。和、洋、中に分けて考えてみるとわかりやすいと思います。まずは油のベース。和風ならサラダ油、洋風ならオリーブ油とバター、中華風ならごま油というように使い分けます。次に味のベース。和風なら白だし、洋風ならコンソメ、中華風なら鶏がらスープの素のように決めていきます。あとは、調味料やハーブ、スパイスを加えて、味のバリエーションを広げるだけ！ 旨味のある食材を組み合わせるだけでも、おいしさがアップします。

## どんな味が食べたい?
# そこから始まる「味つけバリエ」

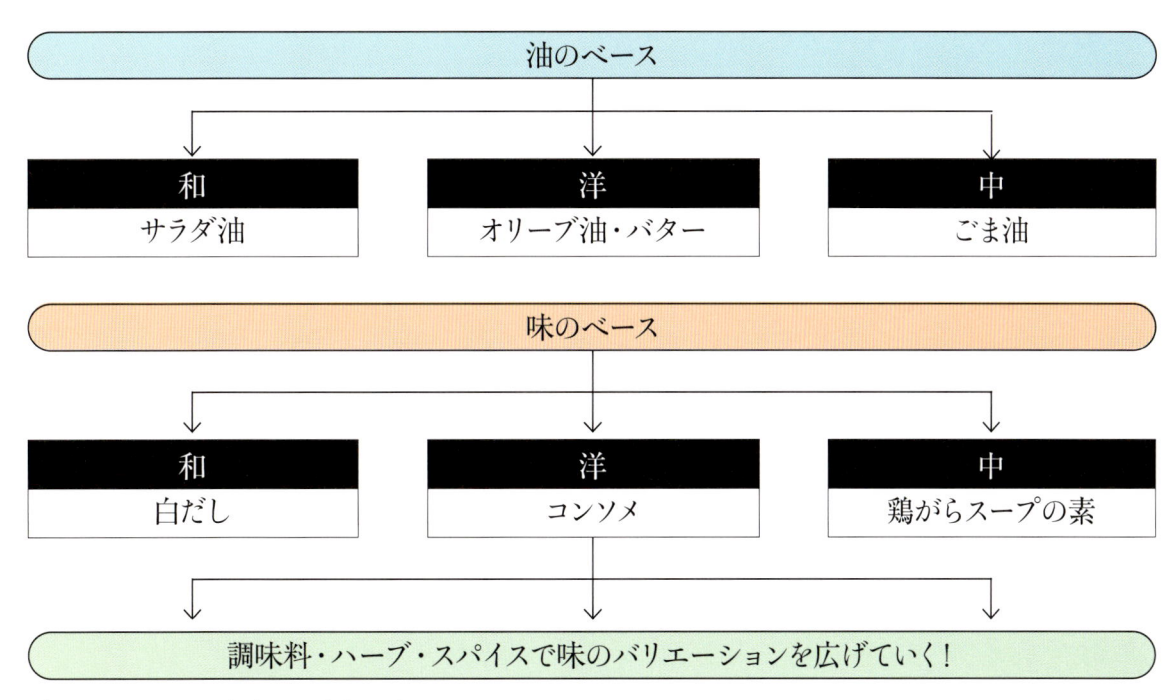

| 油のベース | | |
|---|---|---|
| **和**<br>サラダ油 | **洋**<br>オリーブ油・バター | **中**<br>ごま油 |

| 味のベース | | |
|---|---|---|
| **和**<br>白だし | **洋**<br>コンソメ | **中**<br>鶏がらスープの素 |

調味料・ハーブ・スパイスで味のバリエーションを広げていく!

詳しくはP22-23の内容をご確認ください。

### 旨味の強い野菜は
### シンプルな味つけに

トマトやかぼちゃ、きのこ、さつまいも、春菊など、旨味や香りの強い野菜は、火を通すだけでも十分においしい。だからこそ、シンプルな味つけが一番。ごま油やオリーブ油、バターの油のベースに、塩、こしょう、しょうゆ、酢などの基本調味料で味つけするぐらいのほうが、野菜の旨味をしっかりと引き出してくれるのでおすすめです。

### 淡白な味の野菜は
### 調味料で旨味をつける

キャベツや大根、きゅうりなどの淡白な味の野菜や、ピーマンやゴーヤなどの苦味のある野菜には、みそ、マヨネーズ、トマトケチャップなど、旨味の強い調味料を組み合わせましょう。しっかりとした味つけにすることで、おいしく食べることができます。野菜が淡白な味な場合ほど、さまざまな調味料で味の変化を楽しむことができます。

### たんぱく質の旨味を
### 組み合わせるのもおすすめ

野菜の味が苦手な人は、しっかりした味つけにしたり、ハムやソーセージ、ベーコンなどの肉加工品や、ツナ缶、さば缶、ちりめんじゃこ、たらこなどの魚介加工品、チーズなどの乳製品など、たんぱく質の旨味をプラスするとぐ〜んとおいしく食べやすくなるのでおすすめです。トッピングにナッツやごまをふりかけて食感をプラスしても。

# 使い切るための冷蔵＆冷凍保存を利用する

野菜をおいしく使い切るためには、
正しい保存方法も
おさえておきたいところ。
冷蔵＆冷凍保存のコツ、
冷蔵庫収納のことも
確認しておきましょう。

## 冷蔵庫の中の置き場所を決めておく

野菜を一度に使い切りたいなら「作りおき」がおすすめ。たくさん作って冷蔵保存、もしくは冷凍保存して無駄なくおいしく食べ切りましょう。作りおきおかずは、粗熱をしっかりとってから保存容器に入れて冷蔵保存すると傷みにくくなります。作りおきは、冷蔵室の下段、中段などすぐ目につく場所に入れておくと忘れずに食べ切りやすくなります。家族で共有しておきましょう。「切りおき」や「ゆでおき」は基本的に冷蔵保存ですが、なるべくキッチンペーパーで水けを拭き取ってから保存容器に入れて冷蔵保存を。冷凍するなら、冷凍用保存袋に平らにならすのがポイントです。

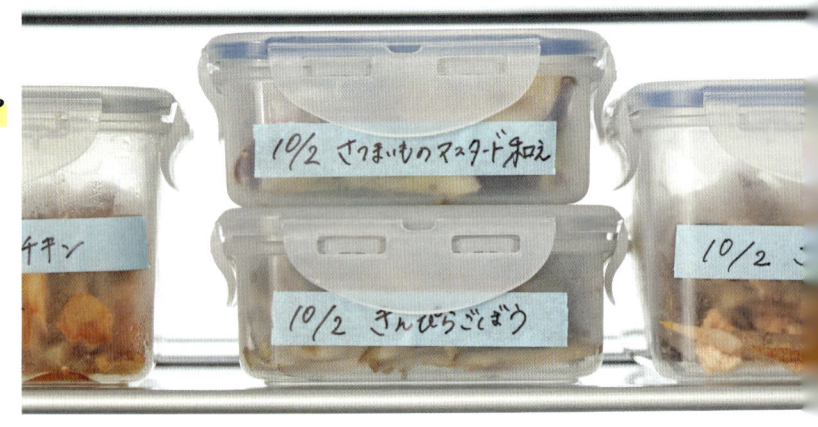

# 冷蔵＆冷凍の基本ルール

## Rule 1 作りおきは3日で冷凍

作りおきおかずを冷蔵保存する場合、3日間で食べ切るのが基本。その中で食べ切れなかったものは、冷凍用保存袋に入れて冷凍保存すると決めましょう。何日も冷蔵庫に入れておくと傷みやすくなってしまいます。お弁当用に小分けにして冷凍しておくのも便利。冷凍保存は3週間ほどおいしく食べることができるのでおすすめです。

## Rule 2 冷凍は平らに広げる

本書で紹介している作りおきおかずは、その日のうちに食べるのはもちろん、冷蔵または冷凍保存してもOK。冷蔵保存するなら、密閉性の高い保存容器に入れておくのがおすすめ。冷凍保存にするなら、冷凍用保存袋に入れ、平らにならして空気を抜いて密閉して冷凍しましょう。食べるときは熱湯でボイルするか、電子レンジ加熱で解凍がよいです。

## Rule 3 きのこはほぐしておく

きのこは水分が多く傷みやすいので、あらかじめ石づきや根元を切り落とし、ほぐしてから保存袋に入れて保存して料理に活用しましょう。きのこは冷凍すると旨味もアップします。

## Rule 4 いも類はマッシュにして

さつまいもやじゃがいもなどのでんぷん質の多い野菜は、そのまま冷凍すると食感が変わっておいしくなくなります。冷凍するときは、加熱してマッシュしてから冷凍がおすすめ。

# 調味料をおいしく 賢く使い切ろう

張り切って調味料を買っても、1〜2回しか使っていない……
なんてことはありませんか? 余りがちな調味料を
野菜料理に積極的に使ってみましょう。

## 基本調味料+ 余りがちの調味料で 上級者っぽく

新しい料理を作るときに買ってみた調味料が、冷蔵庫にずっと残っていることはありませんか? 豆板醤、甜麺醤、オイスターソース、ナンプラー、からし、わさび、マスタードなどは余りがちな調味料。これらはどんな野菜とも相性がよいので積極的に使ってみて。野菜料理の味つけは基本調味料をベースに、ときどき余りがちな調味料を使うことで、グッと料理のレベルを上げることができます。本書では、これらの余りがちな調味料を使ったレシピもいろいろと紹介しています。P24とP66にこれらの調味料を使ったレシピのページ数を入れているので、ぜひ活用してみてください。

# 揃えておきたい基本調味料

砂糖、塩、酢、しょうゆ、みそ、酒、みりん以外で揃えておきたい
野菜をおいしくする基本調味料をご紹介します。

## サラダ油・
## オリーブ油・ごま油

まずはベースとなる油。それぞれによって香りと味わいが違うので、和、洋、中の料理に合わせて使い分けるといいでしょう。炒め油やドレッシング、和え物などにも効果的に使いましょう。

## 白だし・鶏がらスープの素・
## コンソメ

次に旨味のベースになるうま味調味料も揃えておきましょう。和風おかずなら白だし、中華風おかずなら鶏がらスープの素、洋風おかずならコンソメがあれば、バリエーションが広がります。

## トマトケチャップ・ポン酢しょうゆ・
## めんつゆ・マヨネーズ

味に旨味を加えたいときに使いたいトマトケチャップ、ポン酢しょうゆ、めんつゆ、マヨネーズなどの旨味調味料。これらがあれば、あっという間に味が決まり、野菜がおいしくなります。

ほかにも……

## スパイス・ハーブなど

カレー粉やクミン、粗びき黒こしょう、七味唐辛子、赤唐辛子などのスパイス、ディルやバジルなどのハーブをプラスすることで、味にアクセントと香りをプラスして風味がアップします。

# 余りがち調味料を使ってみよう①

中華やエスニック料理を作るために買った甜麺醤やオイスターソース、ナンプラーは、
意外と使い切れずに余っていませんか？ 本書で紹介する料理でおいしく使いこなしましょう。

## ナンプラー

主にカタクチイワシを塩で漬け込んで発酵、熟成させた魚醤のこと。エスニック料理に欠かせない調味料。

[**本書で使用しているレシピ**]

白菜とパクチーのアジアンサラダ（P44）
紫玉ねぎとパクチーのさば缶サラダ（P73）
たっぷりなすのガパオ風（P111）
ほうれん草とココナッツのチーズカレー（P140）
かぶと鶏もも肉のアジアン炒め（P146）
たっぷりもやしのパッタイ（P179）

## オイスターソース

牡蠣を主原料とした独特の旨味と風味を持つとろみのある調味料。中華料理によく使われる。

[**本書で使用しているレシピ**]

揚げ大根と鶏もも肉のコク旨煮（P52）
玉ねぎとちくわオイスターソース炒め（P70）
にんじんのレンチン肉巻き（P80）
きゅうりのそぼろ炒め（P103）
たっぷりなすのガパオ風（P111）
ピーマンと鶏むね肉のオイスターソース炒め（P119）
麻婆ピーマン（P120）
たっぷりコーンのペッパーライス（P132）
小松菜と鶏むね肉のオイスターソース炒め（P140）
かぶと鶏もも肉のアジアン炒め（P146）
ごぼうと牛肉のカレー炒め（P159）
ごぼう入りルーローハン（P161）
れんこんと牛肉の
ガーリックオイスターソース炒め（P164）
もやしのチャプチェ風（P176）
たっぷりもやしのパッタイ（P179）

## 甜麺醤

赤褐色で特有の風味と甘味があるみそ。中華料理の調味料の一種でホイコーローによく使われる。

[**本書で使用しているレシピ**]

レンチンホイコーロー（P30）

# 大きめ野菜の
# 使い切り

キャベツや白菜、大根、かぼちゃといった
丸ごと買うと余りがちな
大きい野菜の使い切りレシピをご紹介。
なかなかすべてを使い切るのは難しいかも…
と思っている方も大丈夫。
作りおき、主菜、副菜、主食など
幅広いレシピ内容で
今日から使い切りマスターに。

# キャベツ
## の
## 使い切り

1玉買っても余りがちなキャベツはさまざまなアイデアで使い切りましょう。
外葉でも芯に近い内側の葉でも、どこを使ってもおいしく作れるレシピです。
幅広く使えるキャベツなので和食や洋食、中華などさまざまな料理でお試しください。

**目利き 1**
外葉の緑色が濃く、
みずみずしい

**目利き 2**
葉の巻きが
かたく、
ずっしりと重い

**目利き 3**
芯の切り口が白い

## DATA

**旬**
3〜5月 (春キャベツ)
11〜2月 (冬キャベツ)

**栄養**
コラーゲン生成に欠かせないビタミンCを含み、美肌作りの助けに。損失を少なくするためにはゆでずに食べるのがベスト。ビタミンUも含み、胃の粘膜を丈夫にする効果が期待できる。

**正しい保存方法**
丸ごとの場合は、芯をくり抜き、濡れたキッチンペーパーを詰める。新聞紙に包んでポリ袋に入れ、軽く口を閉じて野菜室で保存 (保存期間:約2週間)。切ったものは、芯を切り落とし、ラップをぴっちりして野菜室で保存 (保存期間:約5日間)。または切ったものを冷凍用保存袋に入れて冷凍室で保存 (保存期間:約1ヵ月)。

## おすすめ調理アイデア
歯応えを生かしたいときは強火でさっと炒め、甘さを出したいときは弱火でじっくり炒める。外葉は炒め物に、内側の葉は生食に向く。

## よく合う味のテイスト
和風、洋風、中華風など、どのような味つけにも合うので、ボリュームアップするために活用するのがおすすめ。

## こんな調味料も!
シンプルな味つけに黒こしょうやチリオイルなどで辛味を加えてアクセントをつけるのもおすすめ。

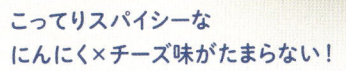

作りおき

## 左のレシピ

⏱ 5分 ｜ 保存袋 ｜ 酸味 ｜ 冷蔵3〜4日 ｜ 冷凍1ヵ月

ほのかな酸味とごま油の香りで
もりもり食べられちゃう！

# のり和え
# 無限キャベツ

**材料**（2人分）
**キャベツ**……1/8個（150g）
塩……ふたつまみ
焼きのり（全形）……1枚
A｜酢・ごま油……各大さじ1
　｜しょうゆ……大さじ1/2

## 作り方

**1** キャベツは3cm四方に切り、塩をふって揉み込む。焼きのりは一口大にちぎる。

**2** 保存袋にAを入れて混ぜ、1を加えて揉み込み、味をなじませる。

～～～～～～～～
**memo**
でき立てはキャベツの歯応えを楽しめて、1日おくとのりと調味料の旨味がしみ込む。

## 右のレシピ

⏱ 8分 ｜ フライパン ｜ チーズ味 ｜ 冷蔵3〜4日 ｜ 冷凍1ヵ月

こってりスパイシーな
にんにく×チーズ味がたまらない！

# キャベツと
# カリカリベーコンの
# 黒こしょう炒め

**材料**（2人分）
**キャベツ**……1/8個（150g）
ベーコンスライス……2枚
すりおろしにんにく……小さじ1
A｜粉チーズ……大さじ1
　｜塩・粗びき黒こしょう……各少々
オリーブ油……大さじ1

## 作り方

**1** キャベツは2cm幅のざく切りにする。ベーコンは細切りにする。

**2** フライパンに油を中火で熱し、ベーコン、にんにくを入れて焼き色がつくまで炒める。

**3** キャベツを加えて炒め、しんなりしたらAを加えて味をととのえる。

～～～～～～～～
**memo**
ベーコンはカリカリに炒めることで、しんなりとしたキャベツのアクセントとして歯応えを楽しむことができる。

あさりの煮汁が
キャベツにしみて美味

# キャベツと
# むきあさりの
# ワイン蒸し

**材料**（2人分）
**キャベツ**……1/8個（150g）
あさり缶（水煮）……1缶（130g）
にんにく……1かけ
白ワイン……大さじ1
塩・こしょう……各少々
オリーブ油……大さじ1
タイム（フレッシュ）……お好みで

**作り方**

1 キャベツは5cm幅のざく切りにする。にんにくは輪切りにして芽を取る。

2 フライパンに油を中火で熱し、にんにく、お好みでタイムを入れて香りが立つまで炒める。キャベツ、あさり（缶汁ごと）、白ワインを加え、蓋をして1分ほど蒸し焼きにする。

3 蓋を取ってさっと炒め、塩、こしょうで味をととのえる。

~~~~
**memo**
あさりを蒸し焼きにすることで白ワインの味がしっかりとしみ込む。殻つきだとさらにゴージャスな仕上がりに。白ワインの代わりに酒にしてもOK。

作りおき

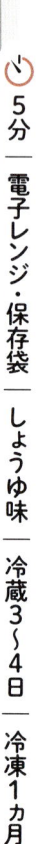

食べるたびに昆布の風味が
口いっぱいに広がる

# キャベツと
# 刻み昆布の浅漬け

**材料**（2人分）
**キャベツ**……1/8個（150g）
刻み昆布……2g
にんじん……1/4本
塩……ふたつまみ
A｜ しょうゆ……大さじ1
 ｜ みりん……大さじ1/2
 ｜ 白だし……小さじ1

**作り方**

1 キャベツ、にんじんは太めのせん切りにする。塩をふって揉み込み、2〜3分おいて水けを絞る。

2 耐熱容器にAを入れ、ラップをせずに電子レンジで40秒加熱する。

3 保存袋に1、2、刻み昆布を入れて揉み込み、粗熱を取って冷蔵庫で30分ほど漬ける。

~~~~
**memo**
あえてキャベツに火を通さないことでシャキシャキした食感を残しながら、昆布と白だしの味わいを楽しむことができる。

**レモン汁でさっぱりと！**
**キャベツの甘味も感じて**

# キャベツと
# サーモンのマリネ

**材料**（2人分）
**キャベツ** 1/8個（150g）
スモークサーモン（スライス） 4枚
A ｜ オリーブ油 大さじ1
　｜ レモン汁 小さじ2
　｜ 塩 ひとつまみ
　｜ こしょう 少々
ディル（ちぎる） お好みで

**作り方**

1 キャベツは3〜4cm幅のざく切りにする。耐熱容器に広げ、ふんわりとラップをして電子レンジで2分加熱する。粗熱が取れたら水けを絞る。スモークサーモンは半分の長さに切る。

2 ボウルにAを入れて混ぜ、1を加えて和える。お好みでディルを加える。

〜〜〜〜〜〜〜〜〜〜〜
**memo**
お好みでレモン汁の代わりに国産レモンスライスを入れてもおしゃれに仕上がる。

## 作りおき

**キャベツは芯までやわらかい！**
**ウインナーの旨味も溶け出て絶品**

# キャベツとウインナー
# のミネストローネ

**材料**（2人分）
**キャベツ** 1/4個（300g）
ウインナー 4本
にんにく 1/2かけ
A ｜ 水 350㎖
　｜ カットトマト缶 150g
　｜ トマトケチャップ 大さじ1
　｜ コンソメ（顆粒） 小さじ2
　｜ ローズマリー お好みで
塩 ひとつまみ
こしょう 少々
オリーブ油 大さじ1

**作り方**

1 キャベツは芯を残してくし形切りにする。ウインナーは1cm幅の輪切りにし、にんにくは包丁の背で潰す。

2 鍋に油を中火で熱し、にんにくを入れて香りが立つまで炒める。キャベツ、ウインナーを加えて焼き色がつくまで焼く。

3 Aを加え、蓋をして15分ほど煮込み、塩、こしょうで味をととのえる。

〜〜〜〜〜〜〜〜〜〜〜
**memo**
今回は手軽なカットトマトを使っているが、ホールトマトを崩しながら加えてもよい。夏場なら熟したトマトに替えるのもおすすめ。

**15分** | 電子レンジ・ボウル | ポン酢しょうゆ味 | 冷蔵3〜4日 | 冷凍1カ月

包まずにキャベツをつけるだけ！

# せん切りキャベツの皮しゅうまい

**材料**（2人分）
**キャベツの葉**……2枚（100g）
豚ひき肉……200g
長ねぎ……1/2本
しょうが……1/2かけ
塩……ふたつまみ
A｜片栗粉……大さじ1
　｜鶏がらスープの素（顆粒）……小さじ1/2
片栗粉……適量
ゆでグリンピース……10粒
ポン酢しょうゆ……大さじ2

**作り方**

1 キャベツはせん切りにする。耐熱皿に広げ、ふんわりとラップをして電子レンジで1分加熱し、水けを軽く絞る。長ねぎ、しょうがはみじん切りにする。

2 ボウルにひき肉、塩を入れ、粘り気が出るまで混ぜる。長ねぎ、しょうが、Aを加え、まとまるまでさらに混ぜる。

3 2を10等分にして全体に片栗粉をまぶし、キャベツを肉だねの全体につけ耐熱皿に並べる。中央にくぼみを作ってグリーンピースをのせる。

4 ふんわりとラップをして電子レンジで4〜6分加熱する。器に盛り、ポン酢しょうゆをかける。

**memo**
肉団子の形をととのえながらキャベツを周りにつけるときれいに仕上がる。

---

**10分** | 電子レンジ | ピリ辛味 | 冷蔵3〜4日 | 冷凍1カ月

**主菜**

こってりした味つけでごはんがどんどん進む！

# レンチンホイコーロー

**材料**（2人分）
**キャベツ**……1/4個（300g）
豚バラ薄切り肉……120g
ピーマン……1個
A｜甜麺醤……大さじ2
　｜酒……大さじ1
　｜砂糖……小さじ2
　｜すりおろししょうが・すりおろしにんにく・しょうゆ・
　｜豆板醤・片栗粉……各小さじ1

**作り方**

1 キャベツは4cm四方、豚肉は5cm幅に切り、ピーマンは乱切りにする。

2 耐熱容器にAを入れて混ぜ、キャベツ、ピーマン、豚肉の順にのせる。ふんわりとラップをして電子レンジで7分加熱する。

3 全体を混ぜ、再びラップをしてさらに2分加熱し、全体を混ぜる。

**memo**
電子レンジで加熱した後に、全体をしっかり混ぜてムラをなくすことが上手に仕上がるポイント。

主菜

キャベツとコーンの甘味で
鮭の旨味がより引き立つ

# キャベツと鮭の
# ちゃんちゃん焼き

**材料**（2人分）

キャベツ……1/4個（300g）

生鮭（切り身）……2切れ

酒……小さじ2

にら……4本

しょうが……1/2かけ

ホールコーン缶……大さじ2

A｜みそ・みりん……各大さじ2
　｜砂糖・しょうゆ……各小さじ1

ごま油……大さじ1

バター……10g

**作り方**

**1** 鮭に酒をふり、10分ほどおく。Aは混ぜ合わせておく。

**2** キャベツはざく切り、にらは4cm幅に切り、しょうがはせん切りにする。

**3** フライパンに油を中火で熱し、キャベツ、鮭、しょうが、にら、コーンの順に入れ、Aを回しかける。

**4** バターをちぎって全体にのせ、蓋をして中〜弱火で10分ほど焼く。

**memo**
バターの代わりにマヨネーズ大さじ1を加えてもクリーミーでおいしく仕上がる。

肉汁を吸ったキャベツを
ポン酢しょうゆでさっぱりと！

# キャベツと豚肉の
# ミルフィーユ蒸し

**材料**（2人分）

キャベツ……1/4個（300g）

豚バラ薄切り肉……100g

A｜ポン酢しょうゆ……大さじ2
　｜オリーブ油……小さじ2
　｜すりおろししょうが……小さじ1

**作り方**

**1** キャベツは2cm幅に切り、豚肉は5cm幅に切る。

**2** 耐熱容器に半量のキャベツと豚肉を順に重ねてのせ、残りの半量も同様に重ねてのせる。

**3** 2に混ぜ合わせたAを回しかけ、ふんわりとラップをして電子レンジで6〜7分加熱する。

**memo**
加熱したあとに、全体を混ぜ合わせて味をなじませると、冷めてもおいしく食べることができる。

**食べ応え抜群なのに、しつこくない！**

# たっぷりキャベツの
# メンチカツ

**主菜**

### 材料（2人分）
**キャベツ**……1/4個（300g）
塩……小さじ1/2
A｜合いびき肉……120g
　｜塩……ふたつまみ
B｜卵……1個
　｜パン粉……大さじ2
C｜薄力粉……30g
　｜溶き卵……1個分
　｜パン粉……30g
揚げ油……適量
中濃ソース……お好みで

### 作り方

1 キャベツはみじん切りにする。塩をふって揉み込み、10分ほどおいて水けを絞る。

2 ボウルにAを入れ、粘り気が出るまで混ぜる。Bを加えて混ぜ、1を加えてさらに混ぜる。

3 2を6等分にして丸め、軽く潰して成形し、Cを材料欄の順につける。

4 鍋に揚げ油を180℃に熱し、3を入れて両面3〜4分揚げる。器に盛り、お好みで中濃ソースをかける。

memo
キャベツはしっかりと水けをきることでキャベツの甘味を楽しめるメンチカツに仕上がる。

**甘いはちみつと濃厚なマスタードがよくからんでおいしい！**

# キャベツと鶏もも肉の
# ハニーマスタード炒め

### 材料（2人分）
**キャベツ**……1/4個（300g）
鶏もも肉……1枚（280g）
塩・こしょう……各少々
A｜粒マスタード……大さじ2
　｜しょうゆ・はちみつ……各小さじ1
オリーブ油……大さじ1

### 作り方

1 キャベツはざく切りにする。鶏肉は塩、こしょうをふり、一口大に切る。

2 フライパンに油を中火で熱し、鶏肉の皮目を下にして入れ、3分ほど焼く。裏返してキャベツを加え、蓋をして弱〜中火で3〜4分加熱する。

3 Aを加え、とろみがつくまで炒めながらからめる。

memo
調味料にとろみがつくまでしっかりと炒めることで味のなじみがよくなる。

**8分** ｜ ボウル ｜ ポン酢しょうゆ味 ｜ 冷蔵3〜4日 ｜ 冷凍NG

**10分** ｜ 電子レンジ ｜ みそマヨネーズ味 ｜ 冷蔵3〜4日 ｜ 冷凍NG

## 副菜

さっぱり和風仕立てで
どんな料理にも合う

# せん切りキャベツの
# 和風コールスロー

**材料**（2人分）
**キャベツ**……1/4個（300g）
塩……小さじ1/2
ロースハム……2枚
青じそ……4枚
ホールコーン缶……大さじ4
A｜ ポン酢しょうゆ……大さじ2
　｜ ごま油……大さじ1

**作り方**

**1** キャベツはせん切りにする。塩をふって揉み込み、5分ほどおいて水けを絞る。ハムは半分に切り、細切りにする。青じそは細切りにし、さっと水にさらして水けをきる。コーンは軽く汁けをきる。

**2** ボウルにAを入れて混ぜ、1を加えて和える。

~~~
memo
~~~
お好みで白すりごまや白いりごまを足すと、さらに深い味わいに。

---

にんにく香るみそマヨが
濃厚でたまらない！

# キャベツとパプリカの
# 温野菜みそマヨソース
# がけ

**材料**（2人分）
**キャベツ**……1/4個（300g）
パプリカ（赤・黄）……各1/4個
水……大さじ1
A｜ マヨネーズ……大さじ3
　｜ みそ……大さじ1
　｜ すりおろしにんにく・しょうゆ……各小さじ1

**作り方**

**1** キャベツは4等分のくし形切りにする。パプリカは1.5cm幅に切る。Aは混ぜ合わせておく。

**2** 耐熱皿にキャベツ、パプリカを並べ、水を回し入れる。ふんわりとラップをして電子レンジで5分加熱する。器に盛り、Aを添える。

~~~
memo
~~~
野菜のシャキシャキ感が好きな方はさっと加熱し、甘味を楽しみたい方はしっかり加熱するのがおすすめ。

副菜

## とろ〜り溶けたチーズと一緒に召し上がれ！
# キャベツのカレーチーズ炒め

**材料**（2人分）
**キャベツ**……1/8個（150g）

| A | カレー粉……小さじ1 |
| --- | --- |
| | コンソメ（顆粒）……小さじ1/2 |
| | 塩・こしょう……各少々 |

ピザ用チーズ……40g
サラダ油……大さじ1/2
パセリ（みじん切り）……小さじ2

**作り方**

1 キャベツは3cm四方に切る。

2 フライパンに油を中火で熱し、キャベツを入れてさっと炒め、Aを加えてさらに炒める。

3 全体に調味料がなじんだらチーズを加え、蓋をして弱〜中火で1分ほど蒸し焼きにする。器に盛り、パセリを散らす。

memo
カレー粉の代わりにクミンシードやクミンパウダーを使っても本格的な味に仕上がる。

## バターで焼いた香ばしいキャベツがみそとの相性抜群！
# 焦がしキャベツのみそ汁

**材料**（2人分）
**キャベツ**……1/4個（300g）

だし汁……300mℓ
みそ……大さじ1
ごま油……大さじ1
バター……10g
小ねぎ（小口切り）……小さじ2

**作り方**

1 キャベツは芯を少し残して4等分のくし形切りにする。

2 鍋に油、バターを中火で熱し、キャベツを入れて焼き色がつくまで焼く。

3 だし汁を加え、蓋をして5分ほど煮たら火を止めてみそを溶き入れる。器に盛り、小ねぎを散らす。

memo
キャベツはしっかりと表面に焼き色をつけるのが、よりおいしく食べるポイント。

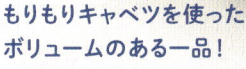

**もりもりキャベツを使った**
**ボリュームのある一品！**

# たっぷりキャベツの
# お好み焼き

**材料（2人分）**
**キャベツ……1/4個（300g）**
豚バラ薄切り肉……2枚
A｜薄力粉……100g
　｜ベーキングパウダー……小さじ1
B｜卵……1個
　｜水……150mℓ
天かす……大さじ2
サラダ油……大さじ1
C｜お好み焼きソース・マヨネーズ・青のり・削り節
　｜……各適量
紅しょうが……お好みで

**作り方**

**1** キャベツはせん切り、豚肉は5cm幅に切る。

**2** Aをボウルに入れて混ぜ、Bを加えてさらに混ぜ、キャベツと天かすを加えて混ぜる。

**3** フライパンに油を中火で熱し、2の半量を流し入れて豚肉の半量をのせ、4〜5分焼く。ひっくり返して蓋をし、中〜弱火で4〜5分焼く。同様にもう1枚作る。器に盛り、Cをかけてお好みで紅しょうがを添える。

**memo**
焼くときは周りがしっかりと乾くまで我慢し、しっかり焼き色をつけてからひっくり返すときれいに仕上がる。

**忙しい朝でも簡単！**
**卵とケチャップで彩りもよい**

# 巣ごもり卵トースト

**材料（2人分）**
**キャベツ……1/8個（150g）**
卵……2個
食パン……2枚
マヨネーズ……大さじ2
バター……10g
トマトケチャップ……お好みで

**作り方**

**1** キャベツはせん切りにする。耐熱皿にのせ、ふんわりとラップをして電子レンジで2分加熱する。粗熱が取れたら水けを絞り、マヨネーズを加えて和える。

**2** 食パン1枚にバター半量をぬり、1の半量を中央をあけてのせ、卵を割り入れる。同様にもう1枚作る。

**3** トースターで卵がお好みのかたさになるまで10分ほど焼く。お好みでトマトケチャップをかける。

**memo**
キャベツの水けをしっかり絞ることでたっぷりのキャベツをおいしく食べることができる。

# 白菜 の 使い切り

鍋の具材として定番の白菜。加熱調理でかさを減らすとたっぷり食べられます。
やわらかい内側の葉は、サラダやマリネにするほか、
塊で蒸し焼きにして食べるのもおすすめです。

**目利き1**
葉先まで巻きが
しっかりしている

**目利き2**
ずっしりと重い

**目利き3**
（カットの場合）
芯の切り口が白く
断面が平らで、
切り口が割れていない

DATA

旬
11～2月

栄養
ビタミンC、食物繊維のほか、む
くみや高血圧の原因の1つにな
る塩分のとりすぎを調節するカリ
ウムを含む。また、旨味成分で
あるグルタミン酸を野菜のなか
でも多く含む。

正しい保存方法
丸ごとの場合は、新聞紙やキッ
チンペーパーで包んで野菜室
（冬場は冷暗所も可）で立てて保存
し、新聞紙やキッチンペーパー
が湿ったら交換する（保存期間：
約3～4週間）。切ったものは、芯を
切り落とし、乾燥しないようにラッ
プをぴっちりして野菜室で保存
（保存期間：約7日間）。または切っ
たものを冷凍用保存袋に入れて
冷凍室で保存（保存期間：約1ヵ月）。

### おすすめ調理アイデア
水分が多いので加熱時間が長い
ものはその水分を生かした料理に
するのがポイント。葉は生食に、芯
は炒め物に向いている。

### よく合う味のテイスト
白菜自体の味が薄いので、しっか
りした味の食材や調味料と合う。

### こんな調味料も！
和風、洋風、中華風など、どのよう
な味つけアレンジもきく。甘味があ
ったり、辛味のある調味料にもよく
合う。

とろけるおいしさ！
**クリーミーなスープをご堪能あれ**

# とろとろ白菜の ミルクスープ

## 材料（2人分）
白菜……1/8個（250g）
鶏こま切れ肉……100g
すりおろしにんにく……小さじ1
薄力粉……大さじ2
牛乳……300mℓ
コンソメ（顆粒）……小さじ1
塩……少々
こしょう……少々
バター……20g

## 作り方
1 白菜は3cm幅のざく切りにする。
2 鍋にバターを中〜弱火で熱し、鶏肉、にんにくを入れて鶏肉の色が変わるまで炒める。1を加え、さっと炒める。
3 薄力粉を加えて粉っぽさがなくなるまで炒め、牛乳を少量ずつ加えて混ぜる。コンソメを加えて一煮立ちさせたら塩、こしょうで味をととのえる。

〜〜〜〜〜〜〜〜〜〜〜〜〜〜〜

### memo
全体的に焦がさない程度の火加減でしっかり加熱すると、まろやかな味わいで見た目もきれいなスープに仕上がる。食べるときにお好みでイタリアンパセリを散らしても。

## 作りおき

シンプルな味つけなのに
**やみつきになること間違いなし！**

# 白菜と かいわれ大根の なめたけ和え

## 材料（2人分）
白菜……1/8個（250g）
塩……ふたつまみ
かいわれ大根……1/4パック（15g）
なめたけ……大さじ4
ポン酢しょうゆ……小さじ2

## 作り方
1 白菜はせん切りにする。塩をふって5分ほどおき、水けを絞る。かいわれ大根は根元を切り落とし、半分の長さに切る。
2 ボウルにすべての材料を入れて和える。

〜〜〜〜〜〜〜〜〜〜〜〜〜〜〜

### memo
なめたけの甘さとかいわれのピリ辛さがいいバランスだが、かいわれの苦みが苦手な方は豆苗に替えてもおいしく食べられる。

左側（8分 | 電子レンジ・ボウル | 酸味 | 冷蔵3〜4日 | 冷凍1カ月）

**ちくわの食感がアクセントに！**

# 白菜とわかめと
# ちくわのごま和え

**材料**（2人分）

白菜……1/8個（250g）

ちくわ……1本

わかめ（乾燥）……大さじ2

A｜酢……大さじ2
｜しょうゆ……大さじ1と1/2
｜白いりごま……大さじ1
｜砂糖……小さじ2

**作り方**

1 白菜は1.5cm幅のざく切りにする。耐熱皿に広げ、ふんわりとラップをして電子レンジで4分加熱し、粗熱が取れたら水けを絞る。

2 ちくわは斜め薄切りにする。わかめはボウルに入れ、水で戻して水けを絞る。

3 ボウルにAを入れて混ぜ合わせ、1、2を加えて和える。

～～～～～～～～～～
**memo**
わかめと白菜の水けをしっかりと絞ることで、水っぽくならずに味がなじむ。

右側（8分 | ボウル | 酸味 | 冷蔵3〜4日 | 冷凍NG）

**オレンジの酸味に
生ハムの塩味がマッチ！**

# 白菜と生ハム
# オレンジのマリネ

**材料**（2人分）

白菜……1/8個（250g）

塩……少々

オレンジ……1個

生ハム……2枚

A｜オリーブ油……大さじ2
｜レモン汁・はちみつ……各小さじ1
｜塩……ふたつまみ
｜こしょう……少々

**作り方**

1 白菜はせん切りにする。塩をふって揉み込み、5分ほどおいて水けを絞る。オレンジは皮を剥き、実を取り出す。生ハムは大きめの一口大に切る。

2 ボウルにAを入れて混ぜ合わせ、1を加えて和える。

～～～～～～～～～～
**memo**
生ハムの塩味がいいアクセントになるが、生ハムがない場合はロースハムを刻んで入れてもおいしく仕上がる。

作りおき

左上の情報（縦書き）：
5分 ｜ 鍋 ｜ 塩味 ｜ 冷蔵3〜4日 ｜ 冷凍1カ月

材料をさっと煮るだけ！
パパッと作れちゃう

# 白菜と小えびの
# さっと煮

**材料**（2人分）
白菜……1/8個（250g）
小えび（冷凍）……100g
しょうが……1/2かけ
A ｜ 水……50ml
｜ 鶏がらスープの素（顆粒）……小さじ1
｜ 塩・こしょう……各少々
水溶き片栗粉……水小さじ2＋片栗粉小さじ1

**作り方**

1 白菜は3〜4cm幅のざく切りにし、しょうがはせん切りにする。

2 鍋にAを入れて中火で熱し、1、凍ったままのえびを加えて蓋をし、2〜3分加熱する。水溶き片栗粉を加えてとろみをつける。

~memo~
えびは煮すぎると小さく、かたくなるのでさっと火が通る程度のタイミングで仕上げるのがポイント。

---

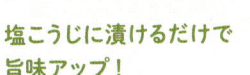

右上の情報（縦書き）：
5分 ｜ 保存袋 ｜ 酸味 ｜ 冷蔵3〜4日 ｜ 冷凍NG

塩こうじに漬けるだけで
旨味アップ！

# 白菜とレモンの
# 塩こうじ漬け

**材料**（2人分）
白菜……1/8個（250g）
国産レモンの輪切り……3枚
塩こうじ……大さじ1

**作り方**

1 白菜は1cm幅の細切りにし、レモンはいちょう切りにする。

2 保存袋に1、塩こうじを入れ、全体を揉み込む。なじんだら空気を抜いて密閉し、冷蔵庫で30分ほど漬ける。

~memo~
レモンがない場合は、レモン汁小さじ2を加えてもさっぱりとした仕上がりになる。

# 主菜

**レンジで簡単**
**肉汁も白菜でしっかりキャッチ！**

# 白菜と豚肉の
# レンチンロール巻き

### 材料（2人分）
白菜……4枚（400g）
豚バラ薄切り肉……8枚
塩・こしょう……各少々
しょうが……1/2かけ
水菜……1株
A｜ポン酢しょうゆ……大さじ2
　｜ごま油……大さじ1/2

### 作り方

**1** 白菜は芯の太い部分は薄く削ぎ、1枚を縦半分に切る。耐熱皿に広げ、ふんわりとラップをして電子レンジで6分加熱する。Aは混ぜ合わせておく。

**2** 豚肉に塩、こしょうをふる。しょうがはせん切りにし、水菜はざく切りにする。

**3** 1の白菜の上に豚肉1枚、8等分にしたしょうが、水菜をのせ、手前から巻く。同様にあと7個作る。

**4** 耐熱皿に3をとじ目を下にして並べ、ふんわりラップをして電子レンジで6〜7分加熱する。器に盛り、Aを全体に回しかける。

～～～ memo ～～～
白菜は太い部分は薄く削ぐことできれいに巻くことができる。また、タレはポン酢しょうゆの代わりにオイスターソースでもおいしく仕上がる。

**ピリッとした辛味が**
**やみつきになる味わい！**

# 白菜と厚揚げの
# ピリ辛炒め

### 材料（2人分）
白菜……1/4個（500g）
厚揚げ……1/2枚（100g）
A｜水溶き片栗粉……水小さじ2＋片栗粉小さじ1
　｜しょうゆ……大さじ1/2
　｜砂糖……小さじ2
　｜すりおろしにんにく・豆板醤・
　｜鶏がらスープの素（顆粒）……各小さじ1
ごま油……大さじ1

### 作り方

**1** 白菜は3〜4cm幅のざく切りにする。厚揚げは熱湯（分量外）をかけて油抜きをする。横半分に切り、縦1.5cm幅の薄切りにする。

**2** フライパンに油を中火で熱し、1を入れて炒める。全体に油が回ったらAを加え、とろみがつくまで炒めながらからめる。

～～～ memo ～～～
お好みでピーマンやチンゲン菜などの彩りのある野菜を入れても。

左側：

⏱ 20分 ｜ ボウル・鍋 ｜ しょうゆ味 ｜ 冷蔵3〜4日 ｜ 冷凍NG

心も体もほっと温まる
やさしい味つけ

# 白菜と鶏団子の
# さっと鍋

**材料**（2人分）

白菜……1/4個（500g）
鶏ひき肉……120g
水菜……1株
長ねぎ……1/4本
塩……ひとつまみ

A｜酒……大さじ2
　｜片栗粉……大さじ1
　｜すりおろししょうが……小さじ1

B｜水……400㎖
　｜白だし……大さじ2
　｜みりん……大さじ1
　｜しょうゆ……大さじ1/2

**作り方**

1 白菜、水菜は3cm幅のざく切りにする。長ねぎはみじん切りにする。

2 ボウルにひき肉、塩を入れて粘り気が出るまでよく混ぜる。長ねぎ、Aを加えてなめらかになるまで混ぜ、6等分にして丸く成形する。

3 鍋にBを入れて中火で熱し、白菜、2を加え、アクを取りながら煮る。肉に火が通ったら水菜を加え、一煮立ちさせる。

〜〜〜 memo 〜〜〜
食べたあとのだし汁にごはんを加えて火にかけ、溶き卵を回し入れて雑炊のようにして楽しんでも美味。

右側：

⏱ 8分 ｜ 鍋 ｜ 塩味 ｜ 冷蔵3〜4日 ｜ 冷凍NG

半熟の卵と白菜が
頬もとろけるおいしさ

# 白菜とかにかまの
# とろーり卵とじ

**材料**（2人分）

白菜……1/8個（250g）
かに風味かまぼこ……3本
しいたけ……2枚

A｜水……150㎖
　｜鶏がらスープの素（顆粒）……大さじ1/2
　｜塩……ふたつまみ
　｜こしょう……少々

溶き卵……3個分
小ねぎ（小口切り）……小さじ2

**作り方**

1 白菜は細切りにし、かに風味かまぼこは手で裂く。しいたけは薄切りにする。

2 鍋にAを入れて中火で熱し、1を加えて一煮立ちさせる。

3 溶き卵を回し入れてお好みのかたさになるまで加熱し、火を止める。器に盛り、小ねぎを散らす。

〜〜〜 memo 〜〜〜
溶き卵を加えたあとは、お好みのかたさになる少し手前で火を止めると、余熱で理想のかたさに仕上がる。

主菜

## 白菜チゲ

白菜の甘味と
キムチの辛味のハーモニー

### 材料（2人分）
白菜……1/8個（250g）
絹ごし豆腐……1/2丁（150g）
にら……1/4束
キムチ……80g
A ｜ 水……150mℓ
　｜ 酒・みりん・コチュジャン……各大さじ1
　｜ すりおろしにんにく・鶏がらスープの素（顆粒）
　｜ 　……各小さじ1
卵……2個

### 作り方
1 白菜は3〜4cm幅のざく切りにし、豆腐は一口大に切る。にら、キムチはざく切りにする。

2 鍋にAを入れて中火で熱し、1を加えて蓋をし、白菜に火が通るまで煮る。卵を割り入れ、お好みのかたさで火を止める。

memo
辛さはキムチの量で調節すること。また、辛味が苦手な方は白菜をさらに足すと甘くまろやかになる。

大きめカットの白菜も
芯までやわらかい！

## 白菜の和風そぼろあん

### 材料（2人分）
白菜……1/4個（500g）
豚ひき肉……100g
長ねぎ……1/2本
しょうが……1/2かけ
A ｜ 水……100mℓ
　｜ みりん……大さじ2
　｜ しょうゆ……大さじ1
　｜ 白だし……小さじ1
水溶き片栗粉……水小さじ2＋片栗粉小さじ1
ごま油……大さじ1

### 作り方
1 白菜は4等分のくし切りにし、半分の長さにする。長ねぎはみじん切りにし、しょうがはせん切りにする。

2 フライパンに油を中火で熱し、ひき肉、長ねぎ、しょうがを入れて肉の色が変わるまで炒め、一度取り出す。

3 2のフライパンに白菜の芯を加えて焼き色がついたら白菜の葉、A、2を加えて蓋をし、2〜3分煮込む。水溶き片栗粉でとろみをつける。

memo
白菜はしっかりと焼き色をつけたあとに煮込むことで、コクと甘さがグッと増しておいしく仕上る。

副菜

## 左側

5分 ｜ ボウル・フライパン ｜ 酸味 ｜ 冷蔵3〜4日 ｜ 冷凍1カ月

花椒の辛味と香りが
味のアクセントに！

# ラーパーツァイ

**材料**（2人分）
**白菜**……1/4個（500g）
塩……小さじ2
A｜酢……大さじ2
　｜砂糖……大さじ1
B｜ごま油……大さじ2
　｜花椒（ホール）……小さじ1
　｜輪切り唐辛子……小さじ1/2

**作り方**

**1** 白菜は5cm幅のざく切りにし、繊維に沿って1cm幅に切る。塩を揉み込み、20分ほどおいて水けを絞る。

**2** ボウルにAを入れて混ぜ合わせ、1を加えて和える。

**3** フライパンにBを中火で熱し、花椒の香りが立ったら火を止める。2に回しかけ、全体になじませる。粗熱が取れたら冷蔵庫で冷やす。

**memo**
長く漬けるほど白菜に味がなじんで深い味わいになるのでおすすめ。

8分 ｜ フライパン ｜ トマトケチャップ味 ｜ 冷蔵3〜4日 ｜ 冷凍1カ月

フワッと香るにんにく風味が
食欲をかき立てる！

# 白菜とベーコンの
# ガーリック
# ケチャップ炒め

**材料**（2人分）
**白菜**……1/4個（500g）
ベーコン……2枚
A｜トマトケチャップ……大さじ2
　｜すりおろしにんにく……小さじ2
　｜コンソメ（顆粒）……小さじ1
オリーブ油……大さじ1

**作り方**

**1** 白菜は4cm幅のざく切りにし、ベーコンは1cm幅に切る。

**2** フライパンに油を中火で熱し、ベーコンを入れて焼き色がつくまで炒め、白菜を加えて蓋をし、ときどき混ぜながら加熱する。

**3** 全体に油が回ったらAを加えて全体に味がなじむまで炒めながらからめる。

**memo**
ベーコンをしっかり炒めて旨味を出し、トマトケチャップの甘さと合わせるのがコツ。

副菜

見た目のインパクト大！
つまみにもぴったり

# くし形切り
# 白菜のステーキ

**材料**（2人分）

白菜……1/4個（500g）
にんにく……1かけ
A｜塩……ひとつまみ
　｜こしょう……少々
しょうゆ……大さじ1/2
オリーブ油……大さじ2

**作り方**

1 白菜は半分のくし形切りにし、にんにくは薄切りにして芽を取る。

2 フライパンに油、にんにくを入れて中火で熱し、香りが立ったら白菜を加えて両面に焼き色がつくまで焼く。

3 蓋をして弱火で1〜2分蒸し焼きにし、Aをふってしょうゆを回しかける。

〜〜〜〜〜〜〜〜〜〜〜〜〜〜〜
memo
表面にしっかりと焼き色をつけることで、香ばしい味わいとシャキッとした食感を楽しむことができる。

エスニック好きにはたまらない！
パクチーたっぷりのシャキシャキサラダ

# 白菜とパクチーの
# アジアンサラダ

**材料**（2人分）

白菜……1/8個（250g）
パクチー……1/4袋（10g）
アーモンド（無塩）……6粒
A｜ナンプラー……大さじ1
　｜レモン汁……大さじ1/2
　｜砂糖……小さじ1
　｜塩・こしょう……各少々

**作り方**

1 白菜はせん切りにし、パクチーはざく切りにする。アーモンドは粗く刻む。

2 ボウルにAを入れて混ぜ合わせ、白菜とパクチーを加えて和える。器に盛り、アーモンドを散らす。

〜〜〜〜〜〜〜〜〜〜〜〜〜〜〜
memo
パクチーはお好みの量で調整すること。カリッと香ばしいアーモンドが白菜の甘味とマッチしておいしいアクセントに。

主食

滋味深い味わいにほっこり
くこの実と小ねぎで彩りを添えて

# 白菜と鶏手羽元の参鶏湯

**材料**（2人分）
白菜……1/8個（250g）
鶏手羽元……6本
米……大さじ3
しょうが……1かけ
A｜水……600㎖
　｜酒……大さじ1
　｜塩……小さじ1
くこの実……小さじ2
小ねぎ（小口切り）……小さじ2

**作り方**

1 白菜は1cm幅の細切りにし、しょうがは薄切りにする。

2 炊飯器に米、Aを入れて一混ぜし、1、鶏手羽元、くこの実を加えて普通モードで炊飯する。炊き上がったら器に盛り、小ねぎを散らす。

**memo**
今回は鶏手羽元を使っているが、鶏手羽先に替えて作ってもおいしく仕上げることができる。炊飯器は3合炊きの場合、材料は半量で作るとよい。

とろみのあるあんで
ごはんをかき込む手が止まらない！

# とろとろ白菜と豚肉の春雨あん

**材料**（2人分）
白菜……1/8個（250g）
豚こま切れ肉……100g
にんじん……40g
春雨……20g
A｜水……300㎖
　｜しょうゆ・みりん・白だし……各大さじ1
　｜すりおろししょうが……小さじ1
水溶き片栗粉……水小さじ2＋片栗粉小さじ1
ごはん……茶碗2杯分
ごま油……大さじ1

**作り方**

1 白菜は2cm幅の細切りにし、にんじんはせん切りにする。

2 フライパンに油を中火で熱し、豚肉を入れて色が変わるまで炒める。

3 1を加えてさっと炒め、A、春雨を加えて3〜4分煮たら水溶き片栗粉を加えてとろみをつける。器にごはんを盛り、あんをかける。

**memo**
あんを多めに作って、焼いた蒸し中華麺にかけてアレンジするのもおすすめ。

# 大根の使い切り

部位によって味が異なる大根。
甘味があってみずみずしい上部はサラダに、
甘味と辛味のバランスがよく、
太さも均等な中部は煮物やステーキに、
辛味が強い下部は大根おろしや漬け物、
濃い味つけの料理におすすめです。

**目利き1**
まっすぐで
ハリツヤがある

**目利き2**
ひげ根が少なく、
幅が均等

**目利き3**
（葉つきの場合）
緑色が濃い
（カットの場合）
切り口がみずみずしく
「す」が入っていない

DATA

旬
11～3月

栄養
消化酵素が豊富なので、生で食べると胸焼けや胃もたれ予防の助けに。辛味成分であるイソチオシアネートは先端部分に多く含まれ、生食によって抗菌作用が期待できる。

正しい保存方法
葉つきの場合は葉と根を切り分け、根は新聞紙で包んで冷暗所または野菜室で立てて保存（保存期間：約3～4週間）。切ったものは、ラップをぴっちりして野菜室で立てて保存（保存期間：約5～7日間）。または切ったものを冷凍用保存袋に入れて冷凍室で保存（保存期間：約1ヵ月）。葉はすぐに使うか、濡れたキッチンペーパーで包み、ポリ袋に入れて野菜室で立てて保存（保存期間：約2～3日間）。

**おすすめ調理アイデア**
切り方を薄切り、せん切りなどと変えることで同じ調理でも異なる食感に。上部は煮物に、下部はすりおろして辛味を生かす料理に向く。

**よく合う味のテイスト**
大根は味の邪魔をしないので、和風、洋風、中華風など、どのような味つけにも合う。下部は辛いので辛さが映える味つけがおすすめ。

**こんな調味料も！**
クリーム系やチーズと合わせてしっかり目に味つけをすれば美味な味わいに。

作りおき

ゆず風味でさっぱり！
大根の歯応えも楽しんで

# シャキシャキ大根の ゆず風味漬け

**材料**（2人分）

**大根**……**1/4本**（300g）

塩……小さじ1/2

ゆずの皮……1cm×3cmを2枚

A｜ 砂糖・酢……各大さじ1
　｜ ゆずの果汁……小さじ2

**作り方**

1 大根は6cm長さの拍子木切りにし、塩をふって15分ほどおき、水けを絞る。

2 ゆずの皮はせん切りにする。Aは混ぜ合わせておく。

3 ボウルに1、2を入れて冷蔵庫で30分以上漬ける。

〜〜〜〜〜〜〜〜〜〜〜〜〜〜〜〜〜〜〜
**memo**

ゆずがない時期は、国産レモンやすだちなどに替えてアレンジを楽しんでみても。

---

ピリッとした七味唐辛子の辛味で
味が引き締まる！

# 七味風味の 大根甘辛炒め

**材料**（2人分）

**大根**……**1/4本**（300g）

A｜ 酒・みりん……各大さじ2
　｜ しょうゆ……大さじ1
　｜ 砂糖……大さじ1/2
　｜ 七味唐辛子……小さじ1

ごま油……大さじ1

**作り方**

1 大根は薄めの半月切りにする。

2 フライパンに油を強火で熱し、1を入れて軽く焼き色がつくまで炒める。

3 中火にし、Aを加えて調味液がなくなるまで炒めながらからめる。

〜〜〜〜〜〜〜〜〜〜〜〜〜〜〜〜〜〜〜
**memo**

大根は薄切りにすることで火の通りがよくなり時短に。七味がないときは一味でも。ほかにもピリ辛の香辛料でもアレンジできる。油を替えても風味が変化しておいしく仕上がる。

作りおき

## 左側レシピ

⏱ 10分 ｜ フライパン ｜ トマトケチャップ味 ｜ 冷蔵3〜4日 ｜ 冷凍1カ月

パスタの代わりに大根を使った
新感覚レシピ！

# 大根とウインナーの
# ナポリタン

### 材料（2人分）

**大根**……**1/4本（300g）**
ウインナー……4本
ピーマン……1個
A｜トマトケチャップ……大さじ2
　｜ウスターソース……大さじ1
　｜すりおろしにんにく……小さじ1
オリーブ油……大さじ1

### 作り方

1 大根はせん切りにし、ピーマンは縦に細切りにする。ウインナーは斜め切りにする。

2 フライパンに油を中火で熱し、ピーマン、ウインナーを入れて炒める。

3 全体に油が回ったら大根を加えてしんなりするまで炒める。Aを加えて味がなじむまで炒めながらからめる。

〰〰〰〰〰〰〰〰〰〰〰〰
**memo**
大根の炒め具合で味わいと食感が変わる。じっくり炒めることで甘いナポリタンのような味わいに。さっと炒めることでシャキッとした食感でさっぱりと仕上がる。

## 右側レシピ

⏱ 60分 ｜ 鍋 ｜ みそ味 ｜ 冷蔵3〜4日 ｜ 冷凍NG

タレも作りおき！
しみしみの大根につけてどうぞ

# ふろふき大根
# からしみそダレ

### 材料（2人分）

**大根**……**1/4本（300g）**
A｜水……400mℓ
　｜白だし……大さじ2
B｜みそ……大さじ2
　｜砂糖……大さじ1と1/2
　｜酒……大さじ1
　｜練りからし……小さじ1

### 作り方

1 大根は4等分の厚さに切り、面取りをして十字に切り込みを入れる。

2 鍋に1とひたひたの水（分量外）を入れて中火にかける。沸騰したら20分ほど煮て、湯を捨てる。Aを加えて大根がやわらかくなるまで30分ほど煮て、器に盛る。

3 小鍋にBを中火で熱し、なめらかになるまで混ぜながら加熱し、2にかける。

〰〰〰〰〰〰〰〰〰〰〰〰
**memo**
煮た大根は作りおきとして、おいていても中まで味がしみ込むので、さらにおいしく食べられる。

作りおき

15分 | ボウル | マヨネーズ味 | 冷蔵3〜4日 | 冷凍NG

濃厚なマヨネーズとさっぱりした
ポン酢しょうゆでヘビロテ間違いなし!

# 大根マヨポンサラダ

**材料**(2人分)

大根……1/4本(300g)

塩……小さじ1/2

かいわれ大根……1/2パック(25g)

ツナ缶(水煮)……1缶(70g)

A | マヨネーズ……大さじ2
  | ポン酢しょうゆ……大さじ1

**作り方**

1 大根はせん切りにして塩をふり、10分ほどおいたら水けを絞る。かいわれ大根は根元を切り落とし、半分に切る。ツナは汁けをきる。

2 ボウルにAを入れて混ぜ合わせ、大根とツナを加えて全体を和える。さらにかいわれ大根を加えて軽く和える。

**memo**

大根とツナは水けをよくきることで味がぼんやりしない。ツナ缶の代わりにホタテ缶にしても、深みと旨味が増しておいしく食べることができるのでおすすめ。

やわらかく煮込んだ大根とにんじんに
しっかり味がしみ込む!

# 大根きんぴら

**材料**(2人分)

大根……1/6本(200g)

にんじん……1/4本

油揚げ……1枚

A | 水……50mℓ
  | みりん……大さじ2
  | しょうゆ……大さじ1
  | 白だし……大さじ1/2
  | 白いりごま……小さじ2
  | 砂糖……小さじ1
  | 輪切り唐辛子……小さじ1/2

ごま油……大さじ1

**作り方**

1 大根、にんじんは4〜5cm長さの太めのせん切りにする。油揚げは熱湯(分量外)をかけて油抜きをし、縦半分に切って5mm幅の細切りにする。

2 フライパンに油を中火で熱し、1を入れて炒める。全体に油が回ったらAを加えて煮汁が少量になるまでときどき混ぜながらしっかりと炒める。

**memo**

食材は太さを均等に切ることで味ムラなく仕上がる。炒めたときにしっかりと調味液をなじませるのがポイント。煮汁が少量になるまでしっかりと炒めて。

10分 | フライパン | ピリ辛味 | 冷蔵3〜4日 | 冷凍1カ月

**主菜**

やわらか大根と旨味のある豚バラの
おいしい定番おかず！

# こっくり豚バラ大根

**材料**（2人分）

大根……1/4本（300g）

豚バラ薄切り肉……120g

塩・こしょう……各少々

A｜水……50mℓ
　｜めんつゆ（3倍濃縮）……大さじ2
　｜すりおろししょうが……小さじ1

ごま油……大さじ1

小ねぎ（小口切り）……小さじ2

**作り方**

1 大根は5mm幅のいちょう切りにし、豚肉は5cm幅に切って塩、こしょうをふる。

2 フライパンに油を中火で熱し、豚肉を入れて色が変わるまで炒める。

3 大根を加え、大根が少し透明になるまで炒めてAを加え、調味料がからむまでさらに炒める。器に盛り、小ねぎを散らす。

memo
大根の辛味が強いときは、みりんを大さじ1をプラスすることでまろやかな味わいになる。

豚しゃぶにシャキシャキ食感の
大根を合わせたごちそうサラダ

# 大根豚しゃぶサラダ

**材料**（2人分）

大根……1/6本（200g）

豚バラ薄切り肉（しゃぶしゃぶ用）……100g

きゅうり……1/2本

A｜マヨネーズ……大さじ3
　｜白すりごま・ごま油……各大さじ2
　｜しょうゆ……小さじ2
　｜みそ……小さじ1

サニーレタス……2枚

**作り方**

1 大根、きゅうりは4～5cm長さのせん切りにする。豚肉は熱湯（分量外）に入れてアク抜きをし、火を通して粗熱を取る。Aは混ぜ合わせておく。

2 器にサニーレタス、大根、きゅうり、豚肉を盛り、Aをかける。

memo
お好みで韓国のりなどを散らしても、さらにおいしく食べられるのでおすすめ。

主菜

左側（大根カレー）の縦書き情報：
20分｜鍋｜カレー味｜冷蔵3〜4日｜冷凍1カ月

右側（白身魚のレンチンおろし煮風）の縦書き情報：
15分｜電子レンジ｜ポン酢しょうゆ味｜冷蔵3〜4日｜冷凍NG

大根がゴロゴロ入った
ボリューム満点カレー

# 大根カレー

**材料**（2人分）

大根……1/4本（300g）
玉ねぎ……1/2個
しょうが……1かけ
にんにく……1かけ
合いびき肉……160g
水……350㎖

A｜カレールウ……2かけ
　｜しょうゆ……大さじ1/2
ごはん……茶碗2杯分
サラダ油……大さじ1

**作り方**

1 大根は乱切りにする。玉ねぎ、しょうが、にんにくはみじん切りにする。

2 鍋に油、玉ねぎ、しょうが、にんにくを入れて中火で熱し、玉ねぎがしんなりしたらひき肉、大根を加え、肉の色が変わるまで炒める。

3 水を加えて蓋をし、大根がやわらかくなるまで煮込む。火を止め、Aを加えて混ぜながら溶かす。器にごはんを盛り、カレーをかける。

**memo**
合いびき肉のほうがコク深い味わいに仕上がるが、ない場合は豚ひき肉でも応用できる。

白身魚におろしをかけて
とことんさっぱりと！

# 白身魚のレンチン
おろし煮風

**材料**（2人分）

大根……1/6本（200g）
白身魚……2切れ
A｜ポン酢しょうゆ……大さじ2
　｜練りわさび……小さじ1/2
酒……小さじ2
三つ葉（根を切り落とし、ざく切り）……6本分

**作り方**

1 大根はすりおろす。Aは混ぜ合わせておく。

2 白身魚は骨を取り除き、酒をふって5分ほどおく。

3 クッキングシートに2をのせ、軽く水けをきった大根おろしをのせ、両端をねじってキャンディー状に包む。

4 3を耐熱皿にのせ、電子レンジで魚に火が通るまで6〜8分加熱する。Aをかけ、三つ葉をのせる。

**memo**
白身魚はたらや鯛が扱いやすいが、鮭でもおいしく仕上がる。

主菜

## 左ページ

10分｜フライパン｜オイスターソース味｜冷蔵3〜4日｜冷凍1カ月

旨味が爆発！こってり絶品レシピ

# 揚げ大根と鶏もも肉のコク旨煮

**材料**（2人分）
大根……1/4本（300g）
鶏もも肉……1枚（280g）
A｜オイスターソース・みりん……各大さじ2
　｜酒……大さじ1
　｜すりおろしにんにく……小さじ1
片栗粉……大さじ3〜4
ごま油……適量

**作り方**

1 大根は乱切りにし、鶏肉は一口大に切ってそれぞれ片栗粉を全体にまぶす。

2 フライパンに底から2cm高さの油を中火で熱し、大根を入れて全体に焼き色がついたら一度取り出す。

3 2のフライパンに鶏肉を入れて火が通るまで揚げ焼きにする。キッチンペーパーで余分な油を拭き取り、大根を戻し入れ、Aを加えて炒めながらからめる。

memo
工程3で調味料を加えるときにしっかりと油を拭き取ることで調味液がからみやすくなる。

## 右ページ

30分｜フライパン｜しょうゆ味｜冷蔵3〜4日｜冷凍1カ月

煮汁のしみたぶりと大根は
間違いないおいしさ

# ワンパンぶり大根

**材料**（2人分）
大根……1/4本（300g）
ぶり……2切れ
しょうが……1/2かけ
A｜酒……100mℓ
　｜水……50mℓ
　｜しょうゆ……大さじ2
　｜砂糖……大さじ1
ごま油……大さじ1
小ねぎ（小口切り）……小さじ2

**作り方**

1 大根は1cm幅のいちょう切りにし、しょうがはせん切りにする。ぶりは半分に切り、熱湯（分量外）をかける。

2 フライパンに油を中火で熱し、1を入れて大根が透明になるまで炒める。

3 Aを加えて落とし蓋をし、ときどき混ぜながら15〜20分煮る。器に盛り、小ねぎを散らす。

memo
煮込んでいるときにときどき混ぜ、味のなじみを均等にするのが上手に仕上げるコツ。

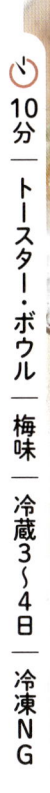

**副菜**

調味料は白だしのみ！
梅干しの塩味と旨味を堪能して

# 焼き厚揚げの
# 梅しそおろしがけ

**材料**（2人分）
大根……1/6本（200g）
厚揚げ……1枚（200g）
梅干し……2個
青じそ……4枚
白だし……小さじ1

**作り方**

1 厚揚げは半分に切る。トースターで5分ほど焼き、器に盛る。

2 大根はすりおろし、梅干しは種を取り除いて粗く刻む。青じそはせん切りにする。

3 ボウルに2、白だしを入れて混ぜ合わせ、1にかける。

**memo**
お好みでみょうがやねぎなどプラスしてもさらにおいしく仕上がる。

ピーラーで薄切りにした大根の
ポリポリ×シャキシャキ食感を楽しんで

# 大根おかかサラダ

**材料**（2人分）
大根……1/4本（300g）
水菜……1株
削り節……2g
A｜ごま油……大さじ2
　｜酢・しょうゆ……各大さじ1
　｜すりおろししょうが……小さじ1

**作り方**

1 大根はピーラーで薄切りにする。水菜は4cm長さのざく切りにして大根と和え、器に盛る。

2 Aを混ぜ合わせる。1に削り節をのせてAをかける。

**memo**
削り節は粗く削ったもののほうがピーラーで切った大根とマッチするのでおすすめ。

副菜

絶品ソース×大根ステーキは
一度食べたら虜になること間違いなし！

# 大根ステーキ 濃厚ガーリック クリームソース

**材料**（2人分）

大根……8cm

すりおろしにんにく……小さじ1

塩・こしょう……各少々

A ｜ クリームチーズ……20g
　｜ 牛乳……100mℓ
　｜ コンソメ（顆粒）……小さじ1

バター……20g

**作り方**

1 大根は2cm厚さの4等分に切る。それぞれ5mm深さ
の格子状に両面切り込みを入れる。

2 フライパンにバター、にんにくを中火で熱し、1を入
れて両面焼き色がつくまで焼く。ひっくり返して蓋をし、
3〜4分焼いて塩、こしょうをふり、器に盛る。

3 2のフライパンにAを加え、とろみがつくまで混ぜ合
わせて2にかける。

～～～～～～～～～～～～～～～～～
**memo**

大根にしっかりと焼き色をつけることで、大根の香ばしさと
ガーリッククリームソースがマッチする。お好みでイタリアン
パセリを添えても。

和えるだけ！
あっという間においしいプラス1品

# 大根のめかぶ和え

**材料**（2人分）

大根……1/4本（300g）

塩……小さじ1/2

味つきめかぶ……80g

削り節……2g

**作り方**

1 大根は5cm長さのせん切りにし、塩をふって5分ほど
おき、水けを絞る。

2 ボウルに1、めかぶ、削り節を入れてよく和える。

～～～～～～～～～～～～～～～～～
**memo**

大根のせん切りは細めに切ることで、めかぶとの味のなじみ
がよくなる。

**主食**

**大根の葉も余すところなく使って**

# 大根ごはん

**材料**（2人分）

大根……100g
大根の葉……20g
塩……ふたつまみ
しらす干し……大さじ2
A ｜ しょうゆ……小さじ1
　｜ 削り節……2g
ごはん……茶碗2杯分

**作り方**

1 大根はせん切りにし、塩をふって5分ほどおき、水けを絞る。大根の葉は塩の入った熱湯（分量外）でゆで、みじん切りにして水けを絞る。

2 ボウルに1、しらす干し、Aを入れて混ぜ、ごはんを加えてさっくりと混ぜ合わせる。

～～～～～～～
**memo**
しらすと削り節を加えることで大根の葉の苦みをカバーし、旨味と味の締まりをプラスしてくれる。さらに、ごまを加えてもおいしい。

**おろしとのりが
おもちによくからむ！**

# 大根とのりの
# からみもち

**材料**（2人分）

大根……5cm
切りもち……4個
焼きのり……1/2枚
ポン酢しょうゆ……大さじ3
小ねぎ（小口切り）……小さじ1

**作り方**

1 大根はすりおろす。

2 鍋に切りもちとつかるほどの水（分量外）を入れて中火で熱し、沸騰したら2分ほどゆでて湯を捨てる。

3 ボウルにポン酢しょうゆ、1を入れてのりを手で細かくちぎって加え、混ぜたら2の切りもちにからめる。器に盛り、小ねぎを散らす。

～～～～～～～
**memo**
大根の下部を使うとピリッと辛い仕上がりに。上部を使うと甘い仕上がりになるのでお好みで使い分けて。

# かぼちゃ
## の
## 使い切り

長期保存がきくため、古くから冬至に食べられてきた風習もある。
乳製品やスパイスと合わせたり、スイーツのように調理したりと、バリエーション豊かに楽しんで。
実はもちろん、皮も栄養が豊富なので、よく洗って皮ごと使いましょう。

**目利き1**
皮の緑色が濃い

**目利き2**
ヘタが乾いている

**目利き3**
（カットの場合）
黄色が濃く、
種がぎっしりと詰まっている

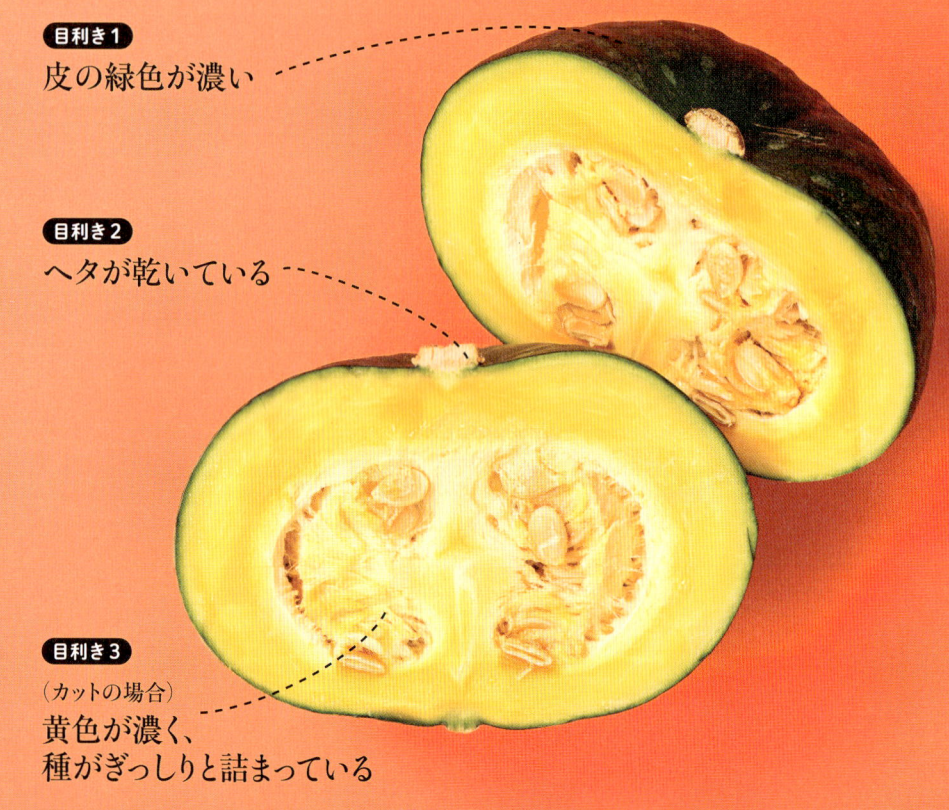

## DATA

**旬**
7〜9月

**栄養**
抗酸化作用を持つ $\beta$-カロテン、ビタミンEを多く含むため、老化防止の助けに。免疫機能の維持にも関わる。どちらも脂溶性なので、油と一緒に調理するのがおすすめ。

**正しい保存方法**
丸ごとの場合は、新聞紙で包んで冷暗所で保存（保存期間：約2〜3ヵ月）。切ったものは、種とワタを取り除き、くぼんだ部分にもラップをぴっちりして野菜室で保存（保存期間：約5〜7日間）。または切ったものは種とワタを取り除き、冷凍用保存袋に入れて冷凍室で保存（保存期間：約1ヵ月）。

**おすすめ調理アイデア**
生のままだとかたくて切るのが面倒だが、先に電子レンジで加熱（丸ごと2〜3分／1/4個1〜2分目安）すればラクに切れる。

**よく合う味のテイスト**
甘い味わいなので甘い調味料は合うが、チーズやバター、ヨーグルトなど、塩味や酸味のあるものを合わせるのもおすすめ。

**こんな調味料も！**
和風や洋風、お菓子は定番だが、ナンプラーなどと合わせてアジアン風な味つけにすれば甘じょっぱくておいしく仕上がる。

## 作りおき

ほのかに香るにんにくが
チーズとベストマッチ

# かぼちゃの ガーリック パルメザンソテー

**材料**（2人分）
**かぼちゃ**……1/6個（正味200g）
すりおろしにんにく……小さじ1
A｜粉チーズ……大さじ2
　｜塩……ひとつまみ
　｜こしょう……少々
オリーブ油……大さじ1
パセリ（みじん切り）……大さじ1

**作り方**

1 かぼちゃは7mm幅の薄切りにし、食べやすい大きさに切る。

2 フライパンに油を中火で熱し、にんにく、1を入れて炒める。

3 全体に油が回ったら、蓋をして2〜3回ひっくり返しながら火が通るまで炒める。Aを加えてさらに炒め、パセリを散らす。

―――――――――
**memo**
お好みでチェダーチーズやほかのチーズと合わせてもさらにおいしく仕上がる。

しょうゆとみりんで炒めることで
かぼちゃの甘味をさらに感じられる！

# かぼちゃきんぴら

**材料**（2人分）
**かぼちゃ**……1/6個（正味200g）
A｜みりん……大さじ2
　｜しょうゆ……大さじ1
白いりごま……小さじ2
ごま油……大さじ1

**作り方**

1 かぼちゃは5mm幅の薄切りにし、4cm長さに切る。

2 フライパンに油を中火で熱し、1を入れて火が通るまで炒める。

3 Aを加え、汁けがなくなるまで炒めながらからめ、白いりごまを加えて混ぜる。

―――――――――
**memo**
かぼちゃは薄く切ることで中まで味がしみ込む。火が通ると崩れやすいので、注意しながらときどき混ぜて全体に味がからむように炒める。

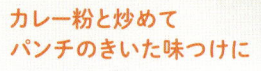

作りおき

**カレー粉と炒めて
パンチのきいた味つけに**

# かぼちゃの
# カレー炒め

**材料**（2人分）
**かぼちゃ**……1/6個（正味200g）
すりおろしにんにく……小さじ1
カレー粉……大さじ1/2
A｜塩……ふたつまみ
　｜こしょう……少々
バター……20g

**作り方**

1 かぼちゃは5mm幅の薄切りにし、5cm長さに切る。

2 フライパンにバターを中火で熱し、かぼちゃ、にんにくを入れて炒める。

3 油が回ったら蓋をし、ときどき混ぜながら2〜3分焼く。

4 カレー粉を加えてさっと炒め、Aを加えて味をととのえる。

**memo**
スパイスはカレー粉以外にもクミンパウダーやガラムマサラなどでもおいしく仕上がる。

**レンジでもほっくりやわらかく**

# レンチンかぼちゃの
# 煮つけ風

**材料**（2人分）
**かぼちゃ**……1/6個（正味200g）
水……200ml
しょうゆ・みりん……各大さじ1
白だし……大さじ1/2
砂糖……小さじ1

**作り方**

1 かぼちゃは一口大に切る。

2 耐熱ボウルにすべての材料を入れ、ふんわりとラップをして電子レンジで5分加熱する。

3 全体を軽く混ぜ、再びラップをして2〜3分加熱する。粗熱が取れるまでラップをしたまま味をなじませる。

**memo**
加熱後にしっかりと粗熱が取れるまでラップをしたままにするとおいしく味がなじむ。

左ページ:

10分 ｜ 電子レンジ ｜ マヨネーズ味 ｜ 冷蔵3〜4日 ｜ 冷凍1カ月

**甘味×塩味×コクの濃厚サラダ**

# かぼちゃとチーズのサラダ

**材料（2人分）**

**かぼちゃ……1/6個（正味200g）**

プロセスチーズ……40g

A｜ レーズン……20g
　｜ マヨネーズ……大さじ2
　｜ 塩……ふたつまみ
　｜ シナモンパウダー……3ふり
　｜ こしょう……少々

**作り方**

1 かぼちゃはところどころ皮を剥いて一口大に切る。耐熱皿にのせ、ふんわりとラップをして電子レンジで5分加熱し、熱いうちに粗く潰す。

2 プロセスチーズは1cm角に切る。

3 1に2、Aを加えてよく和える。

～～～～～～
**memo**
レーズンやチーズの量はお好みで増やしてもおいしい。また、ナッツを加えるのもおすすめ。

---

中央:

# 作りおき

---

右ページ:

10分 ｜ 電子レンジ ｜ トマトケチャップ味 ｜ 冷蔵3〜4日 ｜ 冷凍1カ月

**レンジで簡単！**
**ケチャップのやさしい酸味がおいしい**

# かぼちゃのケチャップ煮風

**材料（2人分）**

**かぼちゃ……1/6個（正味200g）**

A｜ 水……大さじ2
　｜ コンソメ（顆粒）……小さじ1/2

トマトケチャップ……大さじ2

**作り方**

1 かぼちゃは1.5cm角に切る。

2 耐熱容器に1、Aを入れ、ふんわりとラップをして電子レンジで4分加熱する。

3 トマトケチャップを加えて混ぜ、再びラップをして電子レンジで3分加熱する。

～～～～～～
**memo**
使うかぼちゃの甘さによってコンソメの量は調整するとよい。

**表面サクサク！**
**中からホクホクの肉だねが登場！**

# かぼちゃの スコップコロッケ

### 材料（2人分）

かぼちゃ……1/6個（正味200g）

| | |
|---|---|
| 豚ひき肉……80g | **B** バター……20g |
| 酒……大さじ1 | 塩……小さじ1/3 |
| 玉ねぎ……1/4個 | ナツメグパウダー……3ふり |
| **A** パン粉……20g | こしょう……少々 |
| オリーブ油……大さじ1 | パセリ（みじん切り）……小さじ1 |
| 牛乳……大さじ2 | |

### 作り方

1 かぼちゃは1.5cm角に切る。ひき肉は酒をふる。玉ねぎはみじん切りにする。**A**は混ぜ合わせてホイルに広げ、トースターで1分加熱する。

2 耐熱容器にかぼちゃ、玉ねぎ、ひき肉、**B**の順に入れ、ふんわりとラップをして電子レンジで6分加熱する。

3 木べらでかぼちゃを潰すようによく混ぜ、牛乳を加えてなめらかにする。

4 耐熱皿に3を入れ、**A**をのせてトースターで1〜2分加熱し、パセリを散らす。

**memo**
パン粉にオリーブ油をしっかりとなじませておいしそうな焼き色をつけるのがコツ。

---

# 主菜

**よく煮込んでかぼちゃもやわらか！**
**ほっこり温まる一品**

# かぼちゃシチュー

### 材料（2人分）

かぼちゃ……1/6個（正味200g）

ウインナー……4本

玉ねぎ……1/2個

スナップえんどう（または絹さや）……4本

薄力粉……大さじ1

| | |
|---|---|
| **A** | 牛乳……500㎖ |
| | コンソメ（顆粒）……小さじ1 |
| | 塩……ふたつまみ |
| | こしょう……少々 |

バター……10g

### 作り方

1 かぼちゃは一口大に切る。ウインナーは斜め半分に切り、玉ねぎは薄切りにする。スナップえんどうは筋を取って耐熱皿に入れ、ふんわりとラップをして電子レンジで30〜40秒加熱する。

2 鍋にバターを中火で熱し、玉ねぎを入れてしんなりするまで炒め、薄力粉を加えて1分ほど炒める。

3 かぼちゃ、ウインナーを加えてさっと炒め、**A**を加えて15分ほど煮る。器に盛り、スナップえんどうをのせる。

**memo**
ウインナーの代わりにベーコンや鶏肉を使うのもおすすめ。

**主菜**

見た目も華やかで食卓が映える！

# かぼちゃとベーコンの スペイン風オムレツ

**材料**（2人分）

かぼちゃ……**1/6個**（正味200g）

ベーコン……1枚

ズッキーニ……1/4本

卵……2個

A｜牛乳・粉チーズ……各大さじ2
　｜塩・こしょう……各少々

**作り方**

1 かぼちゃは1.5cm角に切り、ベーコンは1cm幅に切る。ズッキーニは1cm幅のいちょう切りにする。

2 耐熱皿に1を広げ、ふんわりとラップをして電子レンジで3〜4分加熱する。

3 ボウルに卵を割り入れて溶きほぐし、Aを加えてさらに混ぜる。

4 耐熱容器にラップを敷き、2を入れて3を流し入れる。ふんわりとラップをして電子レンジで3〜4分加熱する。

**memo**

耐熱容器にラップを敷くことで、加熱後にオムレツが容器から取り出しやすくなる。また、しっかりと冷ますことで断面をきれいに切ることができる。

カシューナッツがよいアクセントに！

# かぼちゃと鶏もも肉の カシューナッツ炒め

**材料**（2人分）

かぼちゃ……**1/6個**（正味200g）

鶏もも肉……1枚（280g）

カシューナッツ（無塩）……50g

A｜酒……大さじ2
　｜鶏がらスープの素（顆粒）……小さじ2
　｜塩・こしょう……各少々

サラダ油……大さじ1

**作り方**

1 かぼちゃは6〜7mm幅の薄切りにする。鶏肉は一口大に切る。

2 フライパンに油を中火で熱し、鶏肉の皮目を下にして入れ、蓋をして両面に焼き色がつくまで焼いて一度取り出す。同じフライパンで同様にかぼちゃも火が通るまで両面焼く。

3 鶏肉を戻し入れ、A、カシューナッツを加えて味がなじむまで全体を炒めながらからめる。

**memo**

かぼちゃも鶏肉もしっかり焼き色をつけることで、シンプルな塩味がよりおいしく仕上がる。

## 主菜

**ほどよい酸味で箸が止まらない！**

# かぼちゃと
# カリカリ豚肉の
# 南蛮漬け

**材料**（2人分）
**かぼちゃ**……1/6個（正味200g）
豚こま切れ肉……120g
A｜塩・こしょう……各少々
　｜片栗粉……大さじ3
B｜酢……大さじ3
　｜しょうゆ……大さじ1と1/2
　｜すりおろししょうが……小さじ1
　｜輪切り唐辛子……小さじ1/2
サラダ油……大さじ3

**作り方**

1 かぼちゃは6〜7mm幅の薄切りにする。豚肉は広げてAを材料欄の順にまぶす。Bは混ぜ合わせておく。

2 フライパンに油を中火で熱し、かぼちゃを入れてひっくり返しながら焼き、火が通ったら取り出してBに5分ほど漬ける。

3 同じフライパンに豚肉を入れ、ひっくり返しながらカリカリになるまで焼き、Bに加えて5分ほど漬ける。

**memo**
辛いのが苦手な方は輪切り唐辛子の量を減らして辛さを調整するのがよい。

---

**濃厚チーズクリームが
かぼちゃにからんで美味！**

# かぼちゃ入り
# シュクメルリ

**材料**（2人分）
**かぼちゃ**……1/6個（正味200g）
鶏もも肉……1枚（280g）
A｜クリームチーズ……40g
　｜牛乳……120mℓ
　｜白ワイン……50mℓ
　｜すりおろしにんにく……小さじ2
　｜塩……ふたつまみ
オリーブ油……大さじ1
イタリアンパセリ……適量

**作り方**

1 かぼちゃは一口大に切る。鶏肉は一口大に切る。Aは混ぜ合わせておく。

2 フライパンに油を中火で熱し、鶏肉の皮目を下にして焼き色がつくまで焼く。ひっくり返してかぼちゃを加え、蓋をして材料に火が通るまでときどき混ぜながら加熱する。

3 Aを加え、とろみがつくまで煮込む。器に盛り、イタリアンパセリを添える。

**memo**
かぼちゃと鶏肉の焼き色をあまりつけずに作れば、クリームソースも白くきれいに仕上がる。

副菜

**クミン香るやみつきレシピ**

# かぼちゃとアーモンドのスパイス炒め

**材料**（2人分）
**かぼちゃ**……1/6個（正味200g）
アーモンド（無塩）……10粒
クミンシード……小さじ1
コンソメ（顆粒）……小さじ1/2
塩……ひとつまみ
こしょう……少々
サラダ油……大さじ1

**作り方**

**1** かぼちゃは1.5cm角に切る。

**2** フライパンに油、クミンシードを入れて中火で熱し、香りが立って泡が出たら**1**を加え、蓋をしてときどき混ぜながら焼く。

**3** かぼちゃに火が通ったらアーモンド、コンソメを加えてさっと炒め、塩、こしょうで味をととのえる。

**memo**
クミンシードは焦がさない程度に香りを出してから具材を入れるのがおいしく作るポイント。

**ソースをかけるだけで見た目もおしゃれに！**

# かぼちゃのヨーグルトソースがけ

**材料**（2人分）
**かぼちゃ**……1/6個（正味200g）
A｜プレーンヨーグルト……50g
　｜オリーブ油……大さじ2
　｜塩……小さじ1/3
　｜こしょう……少々
パセリ（みじん切り）……小さじ2

**作り方**

**1** かぼちゃは7mm幅の薄切りにする。耐熱皿に並べ、ふんわりとラップをして電子レンジで5分加熱する。Aは混ぜ合わせておく。

**2** 器にかぼちゃを盛り、Aをかけてパセリをふる。

**memo**
ヨーグルトにすりおろしにんにくやクミンパウダー、ハーブをプラスするなどさまざまなアレンジがきく一品。

63

**副菜**

甘いカリカリのかぼちゃは
副菜にもちょっとした間食にも！

# かぼちゃ大学いも

**材料**（2人分）
**かぼちゃ**……1/6個（正味200g）
A｜砂糖……50g
　｜水……大さじ2
黒いりごま……小さじ1
揚げ油……適量

**作り方**

1 かぼちゃは一口大に切る。鍋に揚げ油を160℃に熱し、かぼちゃを入れて2〜3分揚げる。

2 フライパンにAを入れて混ぜ、砂糖が水になじんだら中火にかけ、とろみがつくまで加熱する。黒いりごまを加え、一混ぜして火を止める。

3 1を加え、粗熱が取れてカリッとするまで混ぜる。

**memo**
火を消してから表面が白く結晶化してカリカリになるまで混ぜ続けることがおいしく仕上がるコツ。

---

淡白なささみ肉も
かぼちゃとみそマヨの濃厚おかずに

# かぼちゃと
# 鶏ささみ肉の
# みそマヨ和え

**材料**（2人分）
**かぼちゃ**……1/6個（正味200g）
鶏ささみ肉……2本（100g）
酒……大さじ1
水菜……1/2株
A｜マヨネーズ……大さじ2
　｜みそ・ポン酢しょうゆ……各大さじ1/2

**作り方**

1 鶏肉は筋を取って耐熱皿に並べ、酒をふる。ふんわりとラップをして電子レンジで4分加熱する。粗熱が取れたら手で裂く。

2 かぼちゃはところどころ皮を剥いて一口大に切る。耐熱容器に入れ、ふんわりとラップをして電子レンジで4分加熱し、熱いうちにめん棒で粗く潰す。

3 水菜はざく切りにする。

4 ボウルにAを入れて混ぜ合わせ、1、2、3を加えて全体を和える。

**memo**
かぼちゃは熱いうちに粗く潰すのがポイント。お好みでナッツやごまを加えて混ぜても違った味わいになっておいしい。

やさしい甘さでおいしい
朝ごはんにもおやつにも！

## かぼちゃとあんこの<br>トースト

**材料**（2人分）

かぼちゃ……1/8個（正味150g）

食パン……2枚

つぶあん……80g

スライスアーモンド……10g

A｜牛乳……大さじ2<br>　｜砂糖……大さじ1

バター……10g

**作り方**

1 かぼちゃは皮を半分ほど切り落とし、一口大に切る。耐熱容器に入れ、ふんわりとラップをして電子レンジで5〜6分加熱する。

2 食パンはトースターでこんがりと焼き色がつくまで焼く。スライスアーモンドはトースターで3〜4分焼く。

3 ボウルに1、Aを入れ、フォークで粗く潰す。

4 食パンにバターをぬり、つぶあんを全体にぬる。3をのせ、スライスアーモンドを散らす。

**memo**

あんことかぼちゃのバランスはお好みで。シナモンパウダーを加えてもさらにおいしく仕上がる。

---

主食

かぼちゃの甘味がほんのり感じられる

## かぼちゃのニョッキ<br>チーズソース

**材料**（2人分）

かぼちゃ……1/6個（正味200g）

塩……ふたつまみ

ナツメグパウダー……少々

A｜薄力粉（かぼちゃの水分量によって調整）……50g<br>　｜牛乳（かぼちゃの水分量によって調整）……30㎖

B｜クリームチーズ……100g<br>　｜塩……少々

牛乳……50㎖

バター……10g

粗びき黒こしょう……少々

**作り方**

1 かぼちゃは皮を切り落とし、一口大に切る。耐熱皿に並べ、ふんわりとラップをして電子レンジで6〜7分加熱する。

2 1に塩、ナツメグをふって混ぜ、Aを加えて（かぼちゃの水分が少ない場合、牛乳を少量ずつ加えて）耳たぶくらいのかたさになったらひとまとめにする。一口大に成形し、中央にくぼみを作る。

3 鍋に湯（分量外）を沸かし、2を入れて浮いてくるまでゆで、軽く水けをきる。

4 フライパンにバターを中火で熱し、Bを加えて牛乳を少量ずつ加え、なめらかになるまで混ぜる。3を加え、ソースをからめる。器に盛り、粗びき黒こしょうをふる。

**memo**

かぼちゃの水分量でまとまりかたが変わるので、水分は様子を見ながら加える。ホクホクのかぼちゃを選ぶのがポイント。

# 余りがち調味料を使ってみよう②

独特な辛味のある練りわさび、練りからし、粒マスタード、豆板醤は
ご家庭でも使いやすいですが、少量使いが多いため、意外と余りがちに。
味の決め手になる調味料なので、本書で紹介する料理を参考に使ってみてください。

## 練りわさび

乾燥・粉末化したわさびを原料に、水などを加えて練り、加工したもの。チューブタイプのものもあり、家庭でも使いやすい。

[本書で使用しているレシピ]
白身魚のレンチンおろし煮風（P51）
きゅうりのわさび納豆和え（P105）
焼きなすと青じそのさっぱりわさび和え（P113）
ほうれん草としらすのわさびじょうゆ和え（P138）

## 粒マスタード

アブラナ科のからし菜の種子をすり潰さずに粒のまま酢や砂糖、塩などを加えて作ったもの。粒のプチプチした食感があり、辛味も少ない。

[本書で使用しているレシピ]
キャベツと鶏もも肉のハニーマスタード炒め（P32）
にんじんマスタード炒め（P77）
ガーリックベーコンのポテトサラダ（P89）
さつまいものハニーマスタード炒め（P154）

## 練りからし

アブラナ科のからし菜の種子を原料に、すり潰して水を加え、練ったもの。すり潰したままでは辛みはないが、水と練ることで辛味を感じる。

[本書で使用しているレシピ]
ふろふき大根からしみそダレ（P48）
トマトおでん（P95）
ピーマンとさつま揚げのからし炒め（P122）
春菊と納豆の袋焼き（P139）

## 豆板醤

そら豆に赤唐辛子や麹などを加えて発酵させた辛味調味料。辛味と旨味があり、中華料理には欠かせない調味料。

[本書で使用しているレシピ]
レンチンホイコーロー（P30）
白菜と厚揚げのピリ辛炒め（P40）
たっぷりトマトのニューローメン（P99）
叩ききゅうりのピリ辛和え（P101）
きゅうりといかの豆板醤炒め（P104）
なすと鶏むね肉のチリソース炒め（P112）
麻婆ピーマン（P120）
さつまいもと牛肉のピリ辛炒め（P153）
たっぷりもやしの坦々スープ（P177）

# 2

# まとめ買いが
# お得！な
# 野菜の使い切り

バラ売りをしていない…。
大袋で買ったほうが安いけど
余ってしまうかも…。
そんなお悩みがある方も
これで大丈夫！
大袋でまとめ買いをしてお得に、
しっかり野菜を使い切れるレシピを
ぜひお試しください。

# 玉ねぎ の 使い切り

利用範囲がとても広く、季節を問わず家庭料理に欠かせない万能野菜。
加熱すればするほど甘味が増します。
生で食べる場合は水にさらすと辛味が軽減します。
余ったら薄切りや角切りにして
冷凍保存すると便利です。

## DATA

**旬**
9〜2月
3〜5月（新玉ねぎ）

**栄養**
辛味成分である硫化アリルは、交感神経を刺激して血流をよくする助けに。ビタミンB1と一緒にとることで吸収がよくなる。

**正しい保存方法**
丸ごとの場合は、1個ずつキッチンペーパーや新聞紙で包んでかごやネットに入れて冷暗所（梅雨〜夏場は傷みやすいので野菜室）で保存（保存期間：約3〜4週間）。新玉ねぎはキッチンペーパーで包んでポリ袋に入れ、軽く口を閉じて野菜室で保存（保存期間：約2週間）。切ったものは、ラップをぴっちりして保存袋や保存容器に入れて野菜室で保存（保存期間：約3〜4日間）。または切ったものを冷凍用保存袋に入れて冷凍室で保存（保存期間：約1ヵ月）。

**目利き1**
皮が乾燥していて丸々としている

**目利き2**
頭部がかたくて締まっている

**目利き3**
芽や根が出ていない

## おすすめ調理アイデア
あらかじめ切って冷凍しておくと、使いたい分だけ凍ったまま加熱調理ができる。味もしみ込みやすく、切る手間が減り、時短にもなって便利。

## よく合う味のテイスト
しっかり加熱して甘味を生かして使うときは、ベースとなる味つけが控え目でもうまくマッチする。

## こんな調味料も！
濃い味つけでも薄い味つけでも、どのような調味料にも合うが、スパイスなどと炒めると全く違う味わいになるのでおすすめ。

作りおき

半玉ずつ丸ごと煮込んで
満足感もアップ！

# 玉ねぎと厚切り
# ベーコンのポトフ

**材料**（2人分）
玉ねぎ……1個（200g）
ベーコンブロック……40g
にんにく……1かけ
A｜水……400mℓ
　｜コンソメ（顆粒）……小さじ2
　｜タイム（あれば）……1枚
塩・こしょう……各少々
オリーブ油……大さじ1

**作り方**

1 玉ねぎは縦半分に切り、ベーコンは1cm幅の拍子木切りにする。にんにくはみじん切りにする。

2 鍋に油を中火で熱し、にんにく、ベーコンを入れて炒める。香りが立ったら玉ねぎの切り口を下にして加え、焼き色をつける。

3 Aを加えて蓋をし、玉ねぎがやわらかくなるまで中〜弱火で20〜30分煮たら塩、こしょうで味をととのえる。

memo
時間があるときは煮込み時間をさらに伸ばすことでとろとろの甘いポトフに。

肉汁がからむ
甘辛がっつりおかず

# しっかり玉ねぎの
# ポークジンジャー

**材料**（2人分）
玉ねぎ……1個（200g）
しょうが……1/2かけ
豚こま切れ肉……100g
塩・こしょう……各少々
片栗粉……大さじ1
A｜みりん……大さじ2
　｜しょうゆ……大さじ1
　｜砂糖……小さじ1
ごま油……大さじ1

**作り方**

1 玉ねぎは8等分のくし形切りにし、しょうがはせん切りにする。

2 豚肉に塩、こしょうをふり、片栗粉を全体にまぶす。

3 フライパンに油を中火で熱し、2を入れて肉の色が変わるまで焼く。1を加えて玉ねぎに焼き色がつくまで焼く。

4 Aを加えてとろみがつくまで炒めながらからめる。

memo
玉ねぎは香ばしい焼き色をつけることでカリカリの豚肉とマッチ。

作りおき

甘酸っぱさの中にローリエの
さわやかさをプラスして

# 玉ねぎ甘酢漬け

**材料**（2人分）

玉ねぎ……1個（200g）

A｜水・酢……各100mℓ
　｜砂糖……50g
　｜塩……小さじ1/2
　｜ローリエ……1枚
　｜ピンクペッパー……お好みで

**作り方**

1 玉ねぎは薄切りにする。

2 鍋にAを入れて中火で熱し、1を加えて一煮立ちしたら火を止める。粗熱が取れたら保存容器に入れ、冷蔵庫で15分以上漬ける。

**memo**

一度しっかりと煮立たせることで、玉ねぎの辛味が和らいで味がなじみやすくなる。

ちくわの食感と
玉ねぎのシャキシャキ食感がマッチ！

# 玉ねぎとちくわ
# オイスターソース
# 炒め

**材料**（2人分）

玉ねぎ……1個（200g）

ちくわ……2本

A｜オイスターソース……大さじ2
　｜すりおろしにんにく……小さじ1

サラダ油……大さじ1

青のり……小さじ1

**作り方**

1 玉ねぎは2cm角に切り、ちくわは斜め薄切りにする。

2 フライパンに油を中火で熱し、玉ねぎを入れてしんなりするまで炒める。

3 ちくわを加えてさっと炒め、Aを加えて1〜2分炒めながらからめる。器に盛り、青のりをふる。

**memo**

ちくわの代わりにさつまあげで作ってもおいしく仕上がる。

主菜

## とろとろの玉ねぎに
## 牛肉の旨味がたっぷりしみ込む！

# とろける玉ねぎの
# 牛すき煮

**材料**（2人分）

玉ねぎ……1個（200g）
牛バラ切り落とし肉……160g
しょうが……1/2かけ
A｜水……100㎖
　｜めんつゆ（3倍濃縮）……50㎖
ごま油……大さじ1

**作り方**

1 玉ねぎはくし形切りにし、しょうがはせん切りにする。

2 鍋に油を中火で熱し、牛肉、1を入れて玉ねぎがしんなりするまで炒める。

3 Aを加え、弱〜中火で蓋をして10分ほど煮る。

**memo**

一度加熱したあと温め直すと、玉ねぎに味がしみてさらにおいしく食べられる。また、新玉ねぎで作るのもおすすめ。

## サクサク食感がたまらない！

# 玉ねぎと桜えびの
# かき揚げ

**材料**（2人分）

玉ねぎ……1個（200g）
桜えび（乾燥）……大さじ3
三つ葉……4本
A｜天ぷら粉……100g
　｜水……80㎖
揚げ油……適量
塩……適量

**作り方**

1 玉ねぎは1cm幅の薄切りにし、三つ葉はざく切りにする。

2 ボウルにAを入れて混ぜ合わせ、1、桜えびを加えて混ぜる。

3 鍋に揚げ油を170℃に熱し、2をお玉ですくってゆっくりと油に落とし、形をととのえながら表面がカリッとなるまで両面3分ほど揚げる。器に盛り、塩を添える。

**memo**

玉ねぎを厚めに切ることで、シャキッとした歯応えに。また、新玉ねぎの場合、大きく切ると甘さを楽しめる。

**主菜**

玉ねぎと鶏肉に
とろ〜りチーズがよくからむ！

# 玉ねぎと鶏もも肉の
# チーズダッカルビ

**材料**（2人分）

玉ねぎ……**1個**（200g）

鶏もも肉……1枚（280g）

A | みりん……大さじ2
　 | コチュジャン……大さじ1と1/2
　 | しょうゆ・酒……各大さじ1
　 | 一味唐辛子……小さじ1

ピザ用チーズ……150g

ごま油……大さじ1

小ねぎ（小口切り）……大さじ2

**作り方**

1 玉ねぎは1cm幅の薄切りにし、鶏肉は一口大に切る。

2 保存袋にAを入れて混ぜ、1を加えて10分ほど漬ける。

3 フライパンに油を中火で熱し、2を入れて肉に火が通るまで焼く。フライパンの中央にスペースを作り、中央にチーズを加える。チーズが溶けたら、小ねぎを散らす。

~~~
memo
~~~
お好みでにらやピーマンなどを加えてアレンジしてもおいしく仕上がる。

濃厚みそ味でごはんのお供だけでなく
おつまみにも最高！

# 紫玉ねぎとあじの
# 洋風なめろう

**材料**（2人分）

紫玉ねぎ……**1/2個**（100g）

あじ（刺身用）……2枚（120g）

A | みそ・オリーブ油……各小さじ2
　 | すりおろしにんにく……小さじ1
　 | 塩・こしょう……各少々

イタリアンパセリ（ちぎる）……適量

**作り方**

1 紫玉ねぎはみじん切りにする。あじはぶつ切りにする。

2 まな板に1、Aをのせてなめらかになるまで包丁で叩く。器に盛り、イタリアンパセリをのせる。

~~~
memo
~~~
紫玉ねぎがない場合、玉ねぎでもOK。細かく切ることであじの旨味とよくなじむ。

## 副菜

**断面の渦巻きがかわいい！**
**シンプルイズベストの簡単おかず**

# 輪切り玉ねぎの バターめんつゆ ソテー

**材料**（2人分）
**玉ねぎ**……**1個**（200g）
めんつゆ（3倍濃縮）……大さじ1
塩・こしょう……各少々
バター……20g

**作り方**

1 玉ねぎは1cm幅の輪切りにする。

2 フライパンにバターを中火で熱し、玉ねぎを入れて両面焼き色がつくまで焼く。

3 めんつゆを加えて炒めながらからめ、塩、こしょうで味をととのえる。

**memo**
焼き色がつくまであまり触りすぎないことがきれいな形に仕上がるコツ。味をからめるときもフライ返しでやさしくひっくり返して。

**パクチーをたっぷり入れて**
**紫玉ねぎで彩りも華やかに！**

# 紫玉ねぎとパクチー のさば缶サラダ

**材料**（2人分）
**紫玉ねぎ**……**1個**（200g）
さば缶（水煮）……1缶（190g）
パクチー……4束
A｜ナンプラー・レモン汁……各大さじ1
｜塩・こしょう……各少々

**作り方**

1 紫玉ねぎは繊維を断ち切るように薄切りにする。さばは水けをきり、粗くほぐす。パクチーはざく切りにする。

2 ボウルにAを入れて混ぜ合わせ、1を加えて和える。

**memo**
パクチーが苦手な方はサニーレタスなどでアレンジして。お好みでナッツなどを加えてもおいしい。

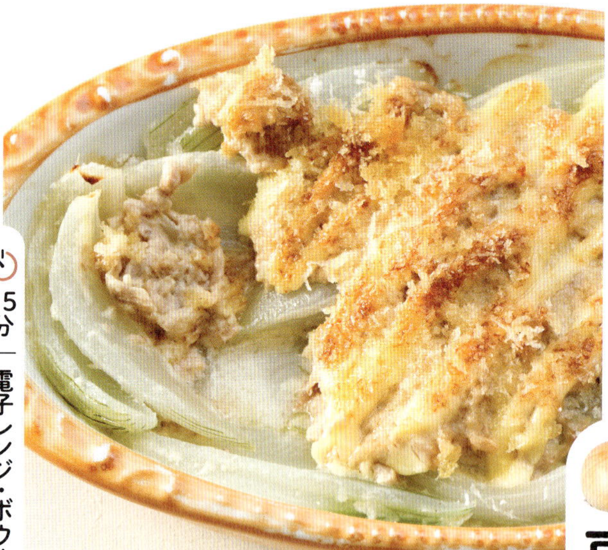

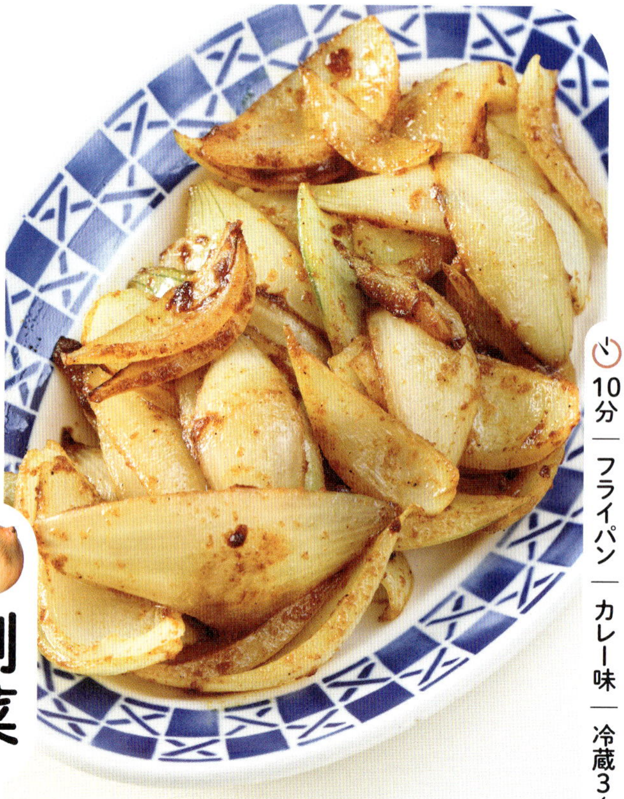

副菜

15分｜電子レンジ・ボウル・トースター｜マヨネーズ味｜冷蔵3〜4日｜冷凍1カ月

パン粉で表面はサクッと！
濃厚なツナマヨを玉ねぎと一緒に

# ごろごろ玉ねぎのツナマヨ焼き

**材料**（2人分）

**玉ねぎ……1個（200g）**
塩……ふたつまみ
こしょう……少々
A｜ツナ缶（水煮）……1缶（70g）
　｜マヨネーズ……大さじ2
パン粉……大さじ1
マヨネーズ……適量

**作り方**

1 玉ねぎはくし形切りにし、半分の長さに切って耐熱皿に並べ、塩、こしょうをふる。ふんわりとラップをして電子レンジで4分加熱をする。
2 ボウルにAを入れて混ぜ合わせ、1にのせる。
3 2に斜線を描くようにマヨネーズをかけ、パン粉をのせる。トースターで8〜10分焼く。

memo
玉ねぎはフライパンで焼いてから加えても甘さと香ばしさがプラスされ、違った味わいを楽しめる。

10分｜フライパン｜カレー味｜冷蔵3〜4日｜冷凍1カ月

スパイスの辛味と旨味をガツンと感じる

# 玉ねぎのスパイシーソテー

**材料**（2人分）

**玉ねぎ……1個（200g）**
薄力粉……大さじ2
A｜カレー粉……大さじ1/2
　｜コンソメ（顆粒）……小さじ1
　｜塩・こしょう……各少々
サラダ油……大さじ3

**作り方**

1 玉ねぎはくし形切りにし、薄力粉をまぶす。
2 フライパンに油を中火で熱し、玉ねぎを入れてしんなりするまで炒める。Aを加え、味がなじむまで炒めながらからめる。

memo
薄力粉はしっかりとまぶすことでスパイスの味がからみやすくなる。お好みのスパイスでアレンジしてもOK。

玉ねぎはじっくりと炒めて
旨味を凝縮して

# あめ色玉ねぎの
# オニグラ

**材料（2人分）**
**玉ねぎ……1個（200g）**
にんにく……1かけ
豚ひき肉……60g
A ｜ 水……300㎖
　｜ コンソメ（顆粒）……小さじ1
　｜ ローリエの葉……1枚
塩・こしょう……各少々
フランスパン（1cm厚さ）……2枚
ピザ用チーズ……40g
バター……20g
パセリ（みじん切り）……小さじ1

**作り方**

1 玉ねぎは繊維を断つように薄切りにし、にんにくはみじん切りにする。

2 フライパンにバター、にんにくを入れて中火で熱し、香りが立ったら玉ねぎを加え、あめ色になるまで炒める。ひき肉を加え、肉の色が変わるまで炒める。

3 Aを加えて5分ほど煮込み、塩、こしょうで味をととのえる。

4 耐熱容器に3を入れ、フランスパン、ピザ用チーズをのせてトースターで5分焼き、パセリを散らす。

**memo**
玉ねぎの焼き色をおさえれば甘い仕上がりに。新玉ねぎでやってもおいしく仕上がる。

## 主食

玉ねぎの甘味が
ごはんにとろける

# 焼き玉ねぎの
# 炊き込みごはん

**材料（2人分）**
**玉ねぎ……1個（200g）**
米……2合
しらす干し……大さじ4
しょうが……1/2かけ
しょうゆ……大さじ1/2
A ｜ 水……400㎖
　｜ 酒……大さじ1
　｜ 塩……小さじ1/2
ごま油……大さじ1
青じそ（せん切りにし、さっと水にさらして水けをきる）
　……3枚分

**作り方**

1 米は洗って30分ほど浸水し、水けをきる。玉ねぎはくし形切りにし、しょうがはせん切りにする。

2 フライパンに油を中火で熱し、しょうが、玉ねぎを入れて玉ねぎに焼き色がつくまで焼く。しらす干しを加えてさっと炒め、しょうゆを回しかけて火を止める。

3 炊飯器に米、Aを入れて混ぜ合わせ、2をのせて普通モードで炊飯する。器に盛り、青じそをのせる。

**memo**
玉ねぎはできれば20分以上じっくりと炒めると甘い仕上がりに。急ぎのときは電子レンジで2分ほど加熱してから炒めると時短に。

# にんじん の 使い切り

手軽に食卓に彩りと栄養をプラスできる、緑黄色野菜の代表格。
メインおかずから食事系おやつまで、料理のレパートリーを広げておいしく栄養をとりましょう。
せん切りにして細かく切ったり、すりおろすことで多くの量を食べることができます。

**目利き 1**
表面がなめらかで
ハリがある

**目利き 2**
葉のつけ根の
切り口が小さい

**目利き 3**
ひげ根が少ない

## DATA

旬
9〜12月

栄養
$\beta$-カロテンの含有量は野菜の
なかでもトップクラス。免疫機能
を整えるほか、皮膚や目の健康
を保つ効果も。ペクチンも多く、
腸の調子をよくする。

正しい保存方法
丸ごとの場合は、水けを拭き取
り、1本ずつ新聞紙やキッチン
ペーパーで包む。ポリ袋に入れ、
軽く口を閉じて野菜室で立てて
保存し、新聞紙やキッチンペー
パーが湿ったら交換する（保存
期間：約2〜3週間）。切ったものは、
ラップをぴっちりして野菜室で保
存（保存期間：約3〜4日間）。また
は切ったものを冷凍用保存袋に
入れて冷凍室で保存（保存期間：
約1ヵ月）。

**おすすめ調理アイデア**
鮮度のよいにんじんは甘味がある
ので生で食べる料理におすすめ。
時間が経ったものは加熱してしっ
かりめに味つけするとよい。

**よく合う味のテイスト**
にんじんの甘さを生かし、レモン
や酢、マスタードなどの酸味を合
わせると和風、洋風、中華風など、
どの味つけにも合う。

**こんな調味料も！**
豆板醤や唐辛子などのピリ辛味
の調味料は、にんじんの甘さと調
和が取れていいバランスの味つ
けに仕上がる。

## まろやかな辛味と甘味のハーモニー
# にんじん
# マスタード炒め

**材料**（2人分）

**にんじん……大1/2本**（120g）

A｜粒マスタード・レモン汁・はちみつ……各小さじ2

オリーブ油……大さじ1

### 作り方

1 にんじんは4〜5mm幅のいちょう切りにする。

2 フライパンに油を中火で熱し、1を入れて炒め、全体に油が回ったらAを加えて2〜3分炒めながらからめる。

**memo**
はちみつがない場合は、砂糖小さじ1に替えてもおいしく作れる。

## にんじんはピーラーで剥いて食感よく!
# にんじんとセロリの
# なます

**材料**（2人分）

**にんじん……大1/2本**（120g）

セロリ……1/2本

セロリの葉……4枚

A｜水……100mℓ

　｜酢……50mℓ

　｜砂糖……大さじ2

　｜塩……ふたつまみ

　｜輪切り唐辛子……小さじ1/2

### 作り方

1 にんじんはピーラーで大きめのささがきにする。セロリは筋を取り、斜め薄切りにする。葉はざく切りにする。

2 鍋にAを入れて中火で熱し、一煮立ちさせて1を入れる。粗熱が取れたら容器に移し、冷蔵庫で1時間以上漬ける。

**memo**
にんじんはせん切りや半月切りにしてもまた違った食感と味わいを楽しめる。

**作りおき**

### にんじんの定番おかず
### ふわっと香るごま油で満足感アップ

# 基本の
# にんじんしりしり

**材料**（2人分）

**にんじん**……**1本**（150g）

A｜ みりん……大さじ2
　｜ 酒……大さじ1
　｜ 塩……ふたつまみ

卵……1個
ごま油……大さじ1

**作り方**

1 にんじんはせん切りにする。卵は溶きほぐす。

2 フライパンに油を中火で熱し、にんじんを入れてしんなりするまで炒める。

3 Aを加えて煮汁にとろみがつくまで炒め、溶き卵を回し入れて卵に火が通るまで大きく混ぜる。

〜〜〜〜〜〜〜〜〜〜
**memo**
作りおきにする場合は、卵にしっかりと火を通して。

---

### 梅の酸味とチーズのコクをまとった
### 新感覚レシピ

# にんじんと青じその
# 梅チーズ和え

**材料**（2人分）

**にんじん**……**1本**（150g）

水……大さじ1
梅干し……1個

A｜ カッテージチーズ……100g
　｜ オリーブ油……大さじ1
　｜ ポン酢しょうゆ……小さじ1

青じそ（せん切りにし、さっと水にさらして水けをきる）
　……3枚分

**作り方**

1 にんじんは一口大の乱切りにする。耐熱皿に入れて水を加え、ふんわりとラップをして電子レンジで4分加熱して粗熱を取る。

2 梅干しは種を取り除いて粗く叩き、Aと混ぜ合わせる。

3 ボウルで1、2を和えて器に盛り、青じそをのせる。

〜〜〜〜〜〜〜〜〜〜
**memo**
カッテージチーズをクリームチーズに替えてもおいしく仕上がる。

香味野菜でにんじんの甘味が引き立つ
豆腐で食べ応えもアップ

# にんじんとひき肉の炒り豆腐

**材料**（2人分）

**にんじん……1本**（150g）

鶏ひき肉……80g

木綿豆腐……1/2丁（150g）

長ねぎ……1/4本

しょうが……1/2かけ

A ｜ しょうゆ・みりん……各大さじ1
｜ 和風だし（顆粒）……小さじ1

ごま油……大さじ1

**作り方**

1 にんじんは縦半分に切り、斜め薄切りにする。長ねぎはみじん切りにし、しょうがはせん切りにする。豆腐は水けをきる。

2 鍋に油を中火で熱し、ひき肉、長ねぎ、しょうがを入れて肉の色が変わるまで炒める。

3 にんじんを加えてしんなりするまで炒める。豆腐をちぎりながら加え、さらにAを加えて2〜3分炒めながらからめる。

**memo**

豆腐はよく水けをきると、調味料の味がしっかりとついておいしく食べられる。

**主菜** せん切りにんじんの食感を楽しむ

# にんじんとシーフードのチヂミ

**材料**（2人分）

**にんじん……1本**（150g）

冷凍シーフードミックス……80g

A ｜ 薄力粉……80g
｜ 片栗粉……20g
｜ 卵……1個
｜ 水……50mℓ
｜ 鶏がらスープの素（顆粒）……小さじ1

B ｜ ポン酢しょうゆ……大さじ4
｜ 白いりごま……小さじ1
｜ ラー油……適量

ごま油……大さじ1

**作り方**

1 シーフードミックスは解凍する。にんじんはせん切りにする。

2 ボウルにAを入れて混ぜ合わせ、なめらかになったらシーフードミックス、にんじんを加えて混ぜる。

3 フライパンに油を中火で熱し、2を流し入れる。焼き色がつくまで3〜4分焼く。

4 ひっくり返して蓋をし、3分ほど焼いて取り出し、食べやすい大きさに切る。混ぜ合わせたBを添え、つけながらいただく。

**memo**

つけダレはオイスターソースやごまダレでもおいしくいただける。

## たらのにんじん甘酢あんかけ

にんじんを味わう
食べ応え抜群の甘酢あん

**材料**（2人分）
**にんじん……大 1/2本**（120g）

| | |
|---|---|
| 生たら（切り身）……2切れ | **B** 水……150㎖ |
| さやいんげん……2本 | 酢……大さじ2 |
| **A** 酒……小さじ2 | 酒……大さじ1 |
| すりおろししょうが ……小さじ1 | 砂糖……小さじ2 |
| | しょうゆ……小さじ1 |
| 片栗粉……大さじ2 | 鶏がらスープの素（顆粒） ……小さじ1/2 |
| | 水溶き片栗粉……水小さじ2＋ 片栗粉小さじ1 |
| | ごま油……大さじ1 |

**作り方**

1 にんじんはせん切りにする。さやいんげんは斜め薄切りにする。

2 たらは骨を取り除き、ボウルに入れてAをまぶす。5分ほど揉み込んで片栗粉を全体にまぶす。

3 フライパンに油を中火で熱し、2を入れて3分ほど焼く。ひっくり返して蓋をし、弱〜中火で3〜4分焼いて器に盛る。

4 3のフライパンに1を入れてしんなりするまで炒め、Bを加える。一煮立ちさせたら水溶き片栗粉でとろみをつけて3にかける。

**memo**
たらの代わりにあじやさばなどの青魚もおすすめ。

## にんじんのレンチン肉巻き

レンジでできる
こってり味のボリューミーおかず

**材料**（2人分）
**にんじん……大 1/2本**（120g）

豚ロース薄切り肉（またはしゃぶしゃぶ用、もも肉） ……8枚（160g）
塩・こしょう……各少々

**A** 酒……大さじ2
　　オイスターソース……大さじ1
　　ごま油……大さじ1/2
　　しょうゆ……小さじ1
　　すりおろしにんにく・鶏がらスープの素（顆粒） ……各小さじ1/2

**作り方**

1 にんじんはせん切りにする。

2 豚肉を広げて塩、こしょうをふり、にんじんの1/8量を手前にのせて巻く。同様にあと7個作る。

3 耐熱容器に巻き終わりを下にして2を並べ、Aを回しかける。ふんわりとラップをして電子レンジで4分加熱し、全体を混ぜる。再びラップをして肉に火が通るまで2分加熱する。

**memo**
きのこやほかの野菜を一緒に巻いてもおいしく仕上がる。

左側のページ

見た目のインパクト大！
素材を楽しむ

# にんじんの
# バターコンソメソテー

**材料（2人分）**
**にんじん**……**1本（150g）**
A｜コンソメ（顆粒）……小さじ1/2
　｜塩……ふたつまみ
　｜粗びき黒こしょう……少々
バター……20g

**作り方**

1 にんじんは縦7mm幅に切る。

2 フライパンにバターを強火で熱し、**1**を並べて焼き色
　がつくまで両面焼く。**A**を加え、全体に味をなじませ
　る。

**memo**
斜め切りにしてもおいしく味わえる。葉がある時期は一緒に
炒めてもおいしい。

右側のページ

プチプチ食感がいい！
明太子の辛味がにんじんの甘味を引き立てる

# にんじん明太子炒め

**材料（2人分）**
**にんじん**……**1本（150g）**
辛子明太子……1本（50g）
塩・こしょう……各少々
ごま油……大さじ1/2
青じそ（せん切りにし、水にさっとさらして水けをきる）
　……3枚分

**作り方**

1 にんじんはせん切りにし、辛子明太子はぶつ切りに
　する。

2 フライパンに油を中火で熱し、にんじんを入れてしん
　なりするまで炒める。辛子明太子を加え、塩、こしょう
　で味をととのえる。器に盛り、青じそをのせる。

**memo**
冷めてもおいしいので作りおきにも向いている。

副菜

ピーラーで調理もラクチン！
ディルとレモンの香りがさわやか

# にんじん
# レモンマリネ

**材料（2人分）**
**にんじん**……**大1/2本（120g）**
国産レモンの輪切り……2枚
A｜オリーブ油……大さじ2
　｜酢……大さじ1/2
　｜すりおろしにんにく……小さじ1
　｜塩……ふたつまみ
　｜こしょう……少々
ディル……お好みで

**作り方**

1 にんじんはピーラーで薄切りにし、レモンは2〜3㎜
　幅のいちょう切りにする。

2 ボウルにAを入れて混ぜ、1を加えて和える。お好み
　でディルを加える。

〜〜〜〜〜〜〜〜〜〜〜〜〜〜〜〜〜〜
memo
レモンがないときはレモン汁でもOK。ハーブはミントでもま
た違った味わいを楽しめる。

パリパリチーズをまとわせ
ローズマリーで華やかに

# にんじんチーズ焼き

**材料（2人分）**
**にんじん**……**1本（150g）**
粉チーズ……50g
ローズマリー……1枝
オリーブ油……大さじ2

**作り方**

1 にんじんは5㎜幅の輪切りにする。ローズマリーは枝
　から葉を取り除き、みじん切りにして粉チーズと合わ
　せる。

2 フライパンに油を中火で熱し、にんじんを入れて炒め
　る。油が回ったらにんじんを並べ、粉チーズを全体に
　ふり、弱火でチーズがパリパリになるまで加熱する。

3 適当な大きさに分け、ひっくり返してそのまま弱火で
　焼き色がつくまで焼く。

〜〜〜〜〜〜〜〜〜〜〜〜〜〜〜〜〜〜
memo
チーズはかたまるまでいじらずに、しっかりと焼くのが上手
に仕上げるコツ。

主食

のせて炊くだけ！
洋風おかずにぴったりのごはんが完成

# 丸ごとにんじんの
# バターライス

**材料**（2人分）

**にんじん**……1本（150g）

米……2合

A｜水……400㎖
　｜コンソメ（顆粒）……大さじ1
　｜塩……小さじ1/2
　｜こしょう……少々

バター……20g

パセリ（みじん切り）……適量

**作り方**

1 米は洗って30分ほど浸水し、水けをきる。にんじんは皮を剥く。

2 炊飯器に米、Aを入れて一混ぜし、にんじん、バターを加えて普通モードで炊飯する。

3 炊き上がったら、にんじんを崩しながら全体を混ぜる。器に盛り、パセリを散らす。

**memo**
お好みでウインナーやベーコンを入れてもおいしい。

ふんわりやさしい味わい
ベジおやつにもおすすめ！

# キャロット蒸しパン

**材料**（2人分）

**にんじん**……1/2本（80g）

ホットケーキミックス……100g

卵……1個

A｜牛乳……50㎖
　｜砂糖……大さじ2
　｜サラダ油……大さじ1
　｜レモン汁……小さじ1

**作り方**

1 にんじんはすりおろす。

2 ボウルに卵を割り入れて溶きほぐし、Aを加えて混ぜる。なめらかになったら1、ホットケーキミックスを加え、粉っぽさがなくなるまで混ぜる。

3 耐熱容器にクッキングシートを敷き、2を流し入れる。ふんわりとラップをして電子レンジで4分ほど加熱し、1分蒸らして食べやすい大きさに切る。

**memo**
マグカップに入れて加熱しても。手軽にかわいく楽しめるスイーツ。

# じゃがいも の 使い切り

でんぷんが多く、腹もちもよいため主食にもなる野菜。
大きめに切ったり、せん切りや薄切り、潰したりすることで異なる食感を楽しめます。
品種によって向いている調理法が変わるので、おすすめ調理アイデアも参考にしてみてください。

## DATA

旬
9〜11月
4〜6月（新じゃがいも）

栄養
ビタミンCや食物繊維を含み、美肌作りや便秘解消の助けに。じゃがいもに含まれるビタミンCは調理による損失が少ないのもポイント。

正しい保存方法
新聞紙で包んで冷暗所で保存。りんごを一緒に入れるとエチレンガスで発芽を防げる。またはキッチンペーパーや新聞紙で包んでポリ袋に入れ、軽く口を閉じて野菜室で保存（保存期間：約2〜3ヵ月／新じゃがいもは約7〜10日間）。冷蔵庫に入れると低温障害で変色したり、かたくなったりするので要注意。切ったものは、芽を取ってラップをぴっちりし、冷凍用保存袋に入れて冷凍室で保存（保存期間：約1ヵ月）。

**目利き1**
表面が乾いている

**目利き2**
かたくて
重みがある

**目利き3**
芽が出ていない
緑っぽくなっていない
（新じゃがいも）
表面の皮が薄い

## おすすめ調理アイデア

新じゃがいもは皮の薄さを生かして丸ごと揚げる料理に。炒め物には崩れにくいメークイン、ほっくりとした食感を楽しむには男爵が向く。

## よく合う味のテイスト

じゃがいものでんぷんは味をまろやかにするので、塩やチーズ、バターなどの塩味のある味つけと相性抜群。

## こんな調味料も！

スパイスやハーブはその味が主役になるので、じゃがいも料理に変化をつけたいときにおすすめ。

作りおき

⏱ 10分 ｜ 電子レンジ ｜ 塩味 ｜ 冷蔵3〜4日 ｜ 冷凍1カ月

洋風おかずのつけ合わせに

# クリーミー マッシュポテト

### 材料（2人分）

じゃがいも……**3個**（300g）

A｜ バター……20g
｜ 牛乳……60㎖
｜ 塩……小さじ1/3
｜ こしょう……少々

### 作り方

1 じゃがいもは皮を剥いて一口大に切り、耐熱容器に入れる。ふんわりとラップをして電子レンジでじゃがいもに火が通るまで5分加熱する。

2 熱いうちにめん棒で潰し、Aを加えてなめらかになるまで混ぜる。

#### memo

ホクホクした仕上がりにしたいなら男爵で。お好みでバターを増量したり、粉チーズをプラスするとコクが増す。

⏱ 10分 ｜ フライパン ｜ めんつゆ味 ｜ 冷蔵3〜4日 ｜ 冷凍1カ月

明太子×めんつゆバターの
間違いない組み合わせ

# じゃがいも 明太子炒め

### 材料（2人分）

じゃがいも……**2個**（200g）
辛子明太子……1本（50g）
めんつゆ（3倍濃縮）……小さじ1
バター……10g

### 作り方

1 じゃがいもは皮を剥いて7〜8㎜幅のいちょう切りにし、さっと水にさらして水けをきる。明太子はぶつ切りにする。

2 フライパンにバターを中火で熱し、じゃがいもを入れて火が通るまで炒める。

3 明太子、めんつゆを加えてさっと炒める。

#### memo

じゃがいもはシャキシャキとした食感を残すと明太子のプチプチ食感とマッチしておいしい。

レンチンでできる！
すっきり味のヘルシーポテサラ

# じゃがいも
# カッテージチーズ
# 和え

**材料**（2人分）

じゃがいも……**2個**（200g）

カッテージチーズ……50g

A｜オリーブ油……大さじ1
｜レモン汁……小さじ1
｜塩・こしょう……各少々

パセリ（みじん切り）……小さじ2

**作り方**

1 じゃがいもは皮を剥いて2cm角に切り、さっと水にさらして耐熱容器に入れる。ふんわりとラップをして電子レンジで火が通るまで4分加熱する。

2 ボウルにAを入れて混ぜ、1、カッテージチーズを加えて和える。器に盛り、パセリを散らす。

**memo**
じゃがいもはしっかりと火を通したほうがカッテージチーズとなじみがいい。クリームチーズでもおいしく仕上がる。

**作りおき**

薄切りじゃがいもの食感が新鮮
さっとできて食べ応えも満点

# ジャーマンポテト

**材料**（2人分）

じゃがいも……**2個**（200g）

ウインナー……3本

グリーンアスパラガス……2本

A｜コンソメ（顆粒）……小さじ1/2
｜塩……ひとつまみ
｜黒こしょう……少々

オリーブ油……大さじ1

**作り方**

1 じゃがいもは皮を剥いて5mm幅の半月切りにする。ウインナーは斜め薄切りにし、アスパラガスは根元のかたい部分を切り落とし、袴を取り除いて斜め薄切りにする。

2 フライパンに油を中火で熱し、じゃがいもとウインナーを入れてじゃがいもに火が通るまで炒める。

3 アスパラガス、Aを加えて調味料がなじむまで炒めながらからめる。

**memo**
じゃがいもはメークインを使うことでシャキッとした歯応えが楽しめる。

左側：

15分 ｜ 鍋 ｜ ピリ辛味 ｜ 冷蔵3〜4日 ｜ 冷凍1カ月

主菜

辛味とホクホクのじゃがいもで
体の芯から温まる

# じゃがいもと豚肉の
# カムジャタン風

**材料**（2人分）

**じゃがいも……2個（200g）**

豚バラ薄切り肉……120g

にら……1/4束

**A** ｜ 水……400mℓ
｜ 鶏がらスープの素（顆粒）……小さじ1

**B** ｜ キムチ……100g
｜ コチュジャン……大さじ2
｜ みそ……大さじ1/2
｜ すりおろしにんにく・すりおろししょうが・砂糖・
｜ しょうゆ……各小さじ1

ごま油……大さじ1

**作り方**

1 じゃがいもは皮を剥いて4等分にし、さっと水にさら
して水けをきる。豚肉は5cm幅に切る。にらは4cm幅
のざく切りにする。

2 鍋に油を中火で熱し、じゃがいも、豚肉を入れて肉の
色が変わるまで炒める。Aを加えて蓋をし、じゃがい
もがやわらかくなるまで煮る。

3 Bを加えて2〜3分煮込み、にらを加えて一煮立ちさ
せる。

〜〜〜〜〜〜〜〜〜
**memo**
じゃがいもは男爵を使うとホクホクした仕上がりになり、じゃ
がいもを崩しながら辛さと甘さを楽しめる。

右側：

15分 ｜ ボウル・鍋 ｜ 塩味 ｜ 冷蔵3〜4日 ｜ 冷凍1カ月

せん切りじゃがいもを衣代わりに
サクサク感がやみつきになる！

# 白身魚の
# せん切りポテトフライ

**材料**（2人分）

**じゃがいも……2個（200g）**

白身魚……2切れ

天ぷら粉……大さじ1＋大さじ1

酒……小さじ2

塩・こしょう……各少々

**A** ｜ 天ぷら粉……大さじ3
｜ 水……大さじ2

揚げ油……適量

**作り方**

1 じゃがいもは皮を剥いてせん切りにし、天ぷら粉大さ
じ1をまぶす。

2 白身魚は骨と皮を取り除き、3等分に切る。酒をまぶ
し、塩、こしょうをふって天ぷら粉大さじ1をまぶす。

3 ボウルにAを入れ、かためのとろみが出るまで混ぜ
る。2をくぐらせて1を全体につける。

4 鍋に揚げ油を180℃に熱し、3を入れて3〜4分揚げ
る。

〜〜〜〜〜〜〜〜〜
**memo**
じゃがいもはメークインを使うことでシャキッとした衣に仕上
がる。お好みで塩、黒こしょうをふっても。

⏱ 25分 ｜ 電子レンジ・鍋 ｜ しょうゆ味 ｜ 冷蔵3〜4日 ｜ 冷凍1カ月

## 主菜

中まで味がしみ込んだ
ごろっとじゃがいもが美味

# しみ旨肉じゃが

**材料**（2人分）

じゃがいも……3個（300g）
豚こま切れ肉……120g
玉ねぎ……1/4個
にんじん……1/4本
絹さや……4枚
しょうが……1/2かけ
A｜水……300㎖
　｜しょうゆ……大さじ1と1/2
　｜酒・みりん・白だし……各大さじ1
　｜砂糖……大さじ1/2
ごま油……大さじ1

**作り方**

1　じゃがいもは皮を剥いて2〜3等分に切り、さっと水にさらして水けをきる。玉ねぎは1.5cm幅のくし形切りにし、にんじんは乱切りにする。絹さやは筋を取り、ラップで包んで電子レンジで10〜20秒加熱し、さっと水にさらす。しょうがはせん切りにする。

2　鍋に油を中火で熱し、豚肉、しょうがを入れて肉の色が変わるまで炒める。玉ねぎ、にんじん、じゃがいもを加えて全体に油が回るまで炒める。

3　Aを加え、煮立ったらアクを取り除いてときどき混ぜながら中〜弱火で15分ほど煮る。器に盛り、絹さやを添える。

**memo**
じゃがいもは煮たあとにしばらくおくと、余熱でさらに味がしみておいしくなる。

⏱ 10分 ｜ フライパン ｜ みそバター味 ｜ 冷蔵3〜4日 ｜ 冷凍1カ月

みそバターでコク旨！
ボリューム満点おかず

# じゃがいもと鶏もも肉のみそバター炒め

**材料**（2人分）

じゃがいも……2個（200g）
鶏もも肉……1枚（280g）
A｜みそ・みりん……各大さじ2
　｜砂糖……小さじ1
バター……20g
小ねぎ（小口切り）……小さじ1

**作り方**

1　じゃがいもは皮を剥いて7㎜幅のいちょう切り（または半月切り）にし、さっと水にさらして水けをきる。鶏肉は一口大に切る。Aは混ぜ合わせておく。

2　フライパンにバターを中火で熱し、鶏肉の皮目を下にして入れ、3分ほど焼く。ひっくり返してじゃがいもを加えて蓋をし、弱〜中火で3分ほど加熱する。

3　Aを加え、照りが出るまで炒めながらからめる。器に盛り、小ねぎを散らす。

**memo**
じゃがいもは大きめに切り、電子レンジで2〜3分加熱してから加えて炒めても違った味わいを楽しめる。

にんにくとベーコンのガツンとした味に
粒マスタードがアクセント

# ガーリックベーコン
# のポテトサラダ

**材料**（2人分）
**じゃがいも**──**2個**(200g)
厚切りベーコン──60g
A｜マヨネーズ──大さじ3
　｜粒マスタード──大さじ1
　｜塩──ふたつまみ
　｜粗びき黒こしょう──少々
にんにく──1/2かけ
オリーブ油──大さじ1/2
イタリアンパセリ──お好みで

**作り方**

**1** じゃがいもは皮つきのままよく洗ってラップでぴっちりと包み、電子レンジで6分加熱する。熱いうちに芽を取り、皮をむく。ボウルに入れて粗く潰し、Aを加えて混ぜ合わせる。

**2** ベーコンは1cm幅の細切りにする。にんにくは薄切りにして芽を取る。

**3** フライパンに油を中火で熱し、2、にんにくを入れてベーコンがカリカリになるまで焼く。1のボウルに加えて混ぜる。器に盛り、お好みでイタリアンパセリを添える。

～～～～～～～～～
**memo**
ベーコンはカリカリに焦げ目をつけて香ばしさを出すのがポイント。

**副菜**

スパイス×チーズで背徳の旨さ
揚げたてを召し上がれ

# フライドポテト
# スパイスチーズ

**材料**（2人分）
**じゃがいも**──**2個**(200g)
A｜コンソメ（顆粒）・粉チーズ──各小さじ1
　｜チリパウダー・ガーリックパウダー──各小さじ1/2
　｜塩──ふたつまみ
　｜粗びき黒こしょう──少々
揚げ油──適量

**作り方**

**1** じゃがいもは芽を取り、皮つきのままくし形切りにしてキッチンペーパーで水けを拭き取る。Aは混ぜ合わせておく。

**2** 鍋に揚げ油を180℃に熱し、1を入れて3分ほど揚げて取り出し、Aをまぶす。

～～～～～～～～～
**memo**
新じゃがいもの時期は小ぶりのものを丸ごと揚げてみて。スパイスはお好みでプラスするのもおすすめ。

**副菜**

ローズマリーがふわっと香る
自家製ポテトチップス

# スライスポテトの
# カリカリ焼き

**材料**（2人分）
**じゃがいも**……**2個**（200g）
ローズマリー……1/2枝
A｜塩・粗びき黒こしょう……各少々
オリーブ油……大さじ2

**作り方**

1 じゃがいもは皮を剥いて薄い輪切りにし、さっと水にさらしてキッチンペーパーで水けを拭き取る。

2 ローズマリーは葉を細かく刻み、Aと合わせる。

3 1に油をかけ、クッキングシートを敷いた天板に広げ、160℃のオーブンで20〜25分焼く。

4 3に2をまんべんなくまぶす。

～～～～
memo
オーブンによって火力は違うのでしっかりとカリッとなるまで焼くのがポイント。

もちもち食感に甘じょっぱさ。
バターのコクがたまらない

# ポテトもち

**材料**（2人分）
**じゃがいも**……**2個**（200g）
片栗粉……大さじ2
A｜みりん……大さじ2
　｜砂糖・しょうゆ……各大さじ1
水溶き片栗粉……水小さじ1＋片栗粉小さじ1/2
バター……10g

**作り方**

1 じゃがいもは皮を剥いて一口大に切る。さっと水にさらして水けをきり、耐熱容器に入れる。電子レンジで火が通るまで4分加熱し、熱いうちにめん棒で潰す。片栗粉を加えてなめらかになるまで混ぜ、4等分にして円盤状に成形する。

2 フライパンにバターを中火で熱し、1を入れて両面焼き色がつくまで焼き、一度取り出す。

3 2のフライパンにAを入れて一煮立ちさせ、水溶き片栗粉を加えて軽くとろみをつける。2を戻し入れ、タレをからめる。

～～～～
memo
じゃがいもがホクホクしている場合は、片栗粉の分量を減らすとよりじゃがいもの旨味を感じる仕上がりに。

**ホワイトソースで旨味をすべて閉じ込める**

# ポテトグラタン

### 材料（2人分）

じゃがいも……**2個**（200g）
玉ねぎ……1/4個
豚ひき肉……100g
すりおろしにんにく……小さじ1
薄力粉……大さじ2
牛乳……300㎖
塩……ふたつまみ
こしょう……少々
ピザ用チーズ……40g
バター……20g
パセリ（みじん切り）……小さじ1

### 作り方

**1** じゃがいもは皮を剥いて5㎜幅のいちょう切りにし、玉ねぎは薄切りにする。

**2** フライパンにバターを中火で熱し、ひき肉、玉ねぎ、にんにくを入れて肉の色が変わるまで炒める。

**3** じゃがいもを加え、じゃがいもに火が通ったら薄力粉を加え、粉っぽさがなくなるまで炒める。牛乳を少しずつ加えてなめらかになるまで加熱し、塩、こしょうで味をととのえる。

**4** 耐熱容器に3を入れてピザ用チーズをのせ、トースターで5〜10分焼いてパセリをふる。

**memo**
玉ねぎをしっかりと炒めることでじゃがいもの甘味とマッチしてよりおいしくなる。

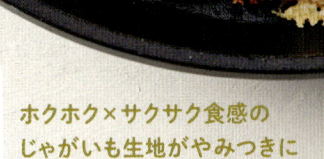

**主食**

**ホクホク×サクサク食感の
じゃがいも生地がやみつきに**

# フライパンポテトピザ

### 材料（2人分）

じゃがいも……**2個**（200g）
ローズマリー……1/2枝
A｜塩……ふたつまみ
　｜こしょう……少々
トマトケチャップ……大さじ3
サラミ（スライス）……8枚
グリーンアスパラガス……1本
ホールコーン缶……大さじ1
ピザ用チーズ……40g
オリーブ油……大さじ1
粗びき黒こしょう……少々

### 作り方

**1** じゃがいもは皮を剥いて一口大に切る。さっと水にさらして水けをきり、耐熱容器に入れる。電子レンジで火が通るまで4分加熱し、熱いうちにめん棒で潰す。

**2** ローズマリーは葉を粗く刻み、Aと合わせて1に加え、全体を混ぜる。

**3** アスパラガスはかたい部分を切り落とし、斜め薄切りにする。コーンは汁けをきる。

**4** フライパンに油を中火で熱し、2を全体に広げて平らにし、トマトケチャップを全体にぬる。

**5** 4の上にサラミ、3を順に散らしてチーズをのせる。蓋をしてアスパラガスに火が通るまで4〜5分加熱し、粗びき黒こしょうをふる。

**memo**
上にのせる具材はお好みで替えて楽しんで。

# トマト
の
# 使い切り

生でもおいしく、サラダの彩りにもなる野菜の1つですが、
焼いたり、スープに入れたり、煮込みにして旨味成分を生かした調理がおすすめ。
たくさんある場合は冷凍保存＆解凍して、トマトソースにするのが得策です。

**目利き1**
色ムラがなく、
ハリツヤがある

**目利き2**
ヘタの
緑色が濃く、
ピンとしている

**目利き3**
お尻の部分に
放射状の
白い筋が見える

## DATA

旬
6～9月

栄養
赤い色素リコピンは強い抗酸化作用を持ち、体内の活性酸素の生成を抑える働きがある。$\beta$-カロテンやビタミンC、カリウムのほか、旨味成分のグルタミン酸も豊富。

正しい保存方法
1個ずつキッチンペーパーで包み、ヘタを下にしてポリ袋に入れ、軽く口を閉じて野菜室で保存（保存期間：約5～7日間）。切ったものは、ヘタを取り除き、冷凍用保存袋に入れて冷凍室で保存（保存期間：約1ヵ月）。ミニトマトはヘタを取り、洗って水けを拭き取り、キッチンペーパーを敷いた保存容器に入れて野菜室で保存（保存期間：約5～7日間）。

**おすすめ調理アイデア**
かためで甘味の少ないものは味が濃いカレーなどに入れたり、炒め物に入れると旨味に。熟したものは煮込みに入れるのがおすすめ。

**よく合う味のテイスト**
旨味の宝庫ともいわれるトマトは、どんな料理もおいしさを引き立てる。シンプルな味つけの料理にもおすすめ。

**こんな調味料も！**
そのものに旨味があるので、シンプルに和風や洋風のだしで煮るのがおすすめ。ハーブや塩、油の組み合わせもよい。

**冷蔵庫にあるとうれしい**
**彩り野菜たっぷり煮込み**

# ラタトゥイユ

**材料**（2人分）
**トマト**……**3個**（600g）
ベーコンスライス……2枚
ズッキーニ……1/2本
パプリカ（黄）……1/2個
にんにく……1かけ
バジルの葉……5枚
塩・こしょう……各少々
オリーブ油……大さじ2

**作り方**

1 トマトは3cm幅のぶつ切りにする。ベーコンは1cm幅に切り、ズッキーニは1cm幅の輪切りにし、パプリカは乱切りにする。にんにくはみじん切りにする。

2 鍋に油、にんにくを入れて中火で熱し、香りが立ったらトマト、ベーコン、ズッキーニ、パプリカを加えて全体が混ざるまで炒める。

3 バジルの葉を加え、弱〜中火でときどき混ぜながら20〜30分煮て塩、こしょうで味をととのえる。

**memo**
甘味の少ないトマトを使う場合は、オリーブ油を少し入れて煮込み時間をさらに追加し、味に深みを出すとよい。

作りおき

**さっぱり甘酸っぱい**
**箸休めにぴったりの一品**

# ミニトマトの
# 青じそマリネ

**材料**（2人分）
**ミニトマト**……**10個**（100g）
青じそ……4枚
A｜オリーブ油……50ml
　｜レモン汁……大さじ1
　｜しょうゆ……大さじ1/2
　｜砂糖……小さじ1
　｜塩……ふたつまみ
　｜こしょう……少々

**作り方**

1 ミニトマトは包丁で1か所皮目に切り込みを入れる。青じそはざく切りにする。

2 鍋に湯（分量外）を沸かし、ミニトマトを入れて30秒ほどゆでる。氷水に取り出し、薄皮を剥く。

3 ボウルにAを入れて混ぜ合わせ、2、青じそを加えて30分ほど漬ける。

**memo**
ゴム手袋をすれば薄皮を簡単に剥くことができる。トマトの数が多いときにおすすめ。

40分 ｜ フライパン ｜ 塩味 ｜ 冷蔵3〜4日 ｜ 冷凍1ヵ月

パスタや煮込み、カレーなど
使い方いろいろ！

# 万能トマトソース

**材料**（2人分）

トマト……3個（600g）
玉ねぎ……1/2個
にんにく……1かけ
塩……ふたつまみ
ローズマリー……1枝
オリーブ油……大さじ1

**作り方**

1 トマトは粗く刻み、玉ねぎ、にんにくはみじん切りにする。

2 フライパンに油、にんにくを中火で熱し、香りが立ったら玉ねぎ、塩を加えてあめ色になるまで炒める。

3 トマトを加え、全体が混ざるまで炒めてローズマリーを加える。蓋をし、ときどき混ぜながら20〜30分煮る。

**memo**
にんにくの香りをしっかり出し、玉ねぎもじっくり炒めたら最上級のおいしいソースに。

**作りおき**

取り分け形式にすれば出すだけでOK！
レンチンだから調理もラク

# トマトと鶏ささみ肉のごま中華和え

10分 ｜ 電子レンジ ｜ ごま味 ｜ 冷蔵3〜4日 ｜ 冷凍NG

**材料**（2人分）

トマト……1個（200g）
鶏ささみ肉……2本（100g）
A｜白すりごま……大さじ2
　｜酢・ごま油……各大さじ1
　｜しょうゆ……大さじ1/2
　｜砂糖……小さじ1
酒……大さじ1
サラダ菜……適量

**作り方**

1 トマトは半分に切り、1cm幅の薄切りにする。Aは混ぜ合わせておく。

2 鶏肉は筋を取ってフォークで数か所穴をあける。耐熱皿に並べ、酒をふる。ふんわりとラップをして電子レンジで2分加熱する。一度取り出し、ひっくり返して火が通るまで1分加熱する。粗熱が取れたら食べやすい大きさに裂く。器にサラダ菜を敷き、トマト、鶏肉を盛ってAをかける。

**memo**
ごまペーストをプラスするとさらに濃厚なタレに。トマトとのからみもいい仕上がりに。

主菜

**しみじみおいしい新定番**
**常温や冷やしでも！**

# トマトおでん

### 材料（2人分）
トマト……2個（400g）
焼きちくわ……1本
さつま揚げ……小2枚
オクラ……2本
塩……少々
A｜水……600mℓ
　｜白だし……大さじ3
　｜タイム……お好みで
練りからし……適量

### 作り方

1　鍋に湯（分量外）を沸かし、トマトを入れて30秒ほどゆでる。氷水に取り出し、薄皮をむく。焼きちくわは斜めの4等分に切る。さつま揚げは半分に切る。オクラはヘタとガクを取り除いて塩をふり、板ずりをして洗う。

2　鍋にAを入れて煮立たせ、1を加えて蓋をし、弱〜中火で30分ほど煮る。器に盛り、練りからしを添える。

**memo**
強すぎない火加減でじっくりとコトコト煮込むのがコツ。

**トマトの旨味と甘味を**
**半熟卵と楽しむ**

# トマトの
# ふわふわ卵とじ

### 材料（2人分）
トマト……2個（400g）
豚こま切れ肉……120g
A｜すりおろしにんにく・鶏がらスープの素（顆粒）
　｜　……各小さじ1
　｜塩……ふたつまみ
溶き卵……2個分
ごま油……大さじ1
小ねぎ（小口切り）……小さじ2

### 作り方

1　トマトは8等分のくし形切りにする。

2　フライパンに油を中火で熱し、豚肉を入れて色が変わるまで炒める。

3　トマトを加え、油が回ったらAを加えてさっと炒める。溶き卵を少しずつ回し入れ、大きく一混ぜして半熟の状態で火を止める。器に盛り、小ねぎを散らす。

**memo**
トマトはほんのりと崩れるくらいの炒め具合がベスト。

20分 ｜ ボウル・鍋 ｜ 塩味 ｜ 冷蔵3〜4日 ｜ 冷凍1カ月

丸ごと入れたミニトマトが
口の中でジューシーに弾ける

# トマト入り肉団子フライ

**材料**（2人分）

**ミニトマト**……8個（80g）

豚ひき肉……200g

玉ねぎ……1/4個

塩・こしょう……各少々

A ｜ パン粉・牛乳……各大さじ2

B ｜ 薄力粉……適量
｜ 溶き卵……1個分
｜ パン粉……適量

揚げ油……適量

**作り方**

1 ミニトマトは爪楊枝で穴をあける。玉ねぎはみじん切りにする。

2 ボウルにひき肉を入れ、塩、こしょうをふり、粘り気が出るまで混ぜる。玉ねぎ、**A**を加えてさらにこねて8等分にする。

3 2でミニトマトを包み、**B**を材料欄の順につける。

4 鍋に揚げ油を180℃に熱し、**3**を入れて転がしながらきつね色になるまで5分ほど揚げる。

**memo**

お好みでウスターソースをかけても。衣はパン粉ではなく片栗粉をまぶして揚げ、ウスターソースにからめてもおいしい。

25分 ｜ フライパン ｜ コンソメ味 ｜ 冷蔵3〜4日 ｜ 冷凍1カ月

さば缶×トマトは相性抜群！
旨味が溶け込んだ煮汁ごとどうぞ

# さば缶のトマト煮込み

**材料**（2人分）

**トマト**……2個（400g）

さば缶（水煮）……1缶（180g）

玉ねぎ……1/4個

すりおろしにんにく……小さじ1

コンソメ（顆粒）……小さじ1

塩・こしょう……各少々

オリーブ油……大さじ1

イタリアンパセリ……適量

**作り方**

1 トマトはぶつ切りにし、玉ねぎは薄切りにする。

2 フライパンに油を中火で熱し、玉ねぎ、にんにくを入れてしんなりするまで炒める。

3 さば缶、トマト、コンソメを加え、ときどき混ぜながら10〜20分煮る。塩、こしょうで味をととのえ、イタリアンパセリを添える。

**memo**

しっかりととろみがつくまで煮込むことで、さば缶の臭みも気にならなくなる。

# 副菜

**切るだけ！ 見た目もおしゃれな
定番メニューを和風にアレンジ**

# 冷やしトマトと
# 青じそのカプレーゼ

**材料**（2人分）
**トマト**……1個（200g）
モッツァレラチーズ……1個
青じそ……2枚
レモン汁……小さじ2
塩……ふたつまみ
粗びき黒こしょう……少々
オリーブ油……大さじ1

**作り方**

**1** トマトは半分に切り、1cm幅の薄切りにする。モッツァレラチーズはトマトと同じくらいの薄さに切る。青じそは一口大にちぎる。

**2** 器にトマトとチーズを交互に盛り、油、レモン汁、塩、黒こしょうを順にかけて青じそを散らす。

**memo**
もちろん、青じその代わりに定番のバジルを使ってもおいしい。

**フレッシュなトマトににんにくがあとを引く
おもてなしや晩酌に**

# トマトブルスケッタ

**材料**（2人分）
**トマト**……1個（200g）
すりおろしにんにく……小さじ2
**A** ｜ すりおろしにんにく・オリーブ油……各小さじ2
｜ レモン汁……小さじ1/2
｜ 塩・こしょう……各少々
フランスパン（1cm厚さ）……6枚
バジル……適量

**作り方**

**1** フランスパンはトースターで2〜3分焼き、にんにくをぬる。

**2** トマトは7〜8㎜角に切る。ボウルにトマト、Aを加えて和え、1にのせてバジルを飾る。

**memo**
材料欄のAの中にちぎったバジルを加えて和えてもよい。おもてなしのときはフルーツトマトなどを使って、リッチな見た目と味わいにしても。

甘味引き立つ焼きトマトに
相性のよいトッピングを合わせて

# 焼きトマトの
# ツナチーズ

**材料**（2人分）

トマト⋯⋯**2個（400g）**

ツナ缶（水煮）⋯⋯1缶（70g）

にんにく⋯⋯1かけ

塩・こしょう⋯⋯各少々

ピザ用チーズ⋯⋯60g

オリーブ油⋯⋯大さじ1

パセリ（みじん切り）⋯⋯小さじ1

**作り方**

**1** トマトは1cm幅の輪切りにし、にんにくは包丁の背で潰す。ツナは汁けをきる。

**2** フライパンに油、にんにくを中火で熱し、にんにくの香りが立ったらトマトを並べる。強火でさっと焼いてひっくり返す。

**3** 弱火にし、ツナを均等にのせて塩、こしょうをふる。ピザ用チーズをのせて蓋をし、2〜3分焼く。器に盛り、パセリを散らす。

**memo**

トマトは厚めに切ってもまた少し違った味わいでおいしい。

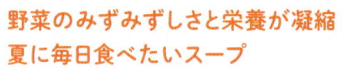

## 副菜

野菜のみずみずしさと栄養が凝縮
夏に毎日食べたいスープ

# ガスパチョ風

**材料**（2人分）

トマト⋯⋯**2個（400g）**

紫玉ねぎ（または玉ねぎ）⋯⋯1/8個

きゅうり⋯⋯1/2本

セロリ⋯⋯1/2本

フランスパン（2cm厚さ）⋯⋯1枚

**A** ｜ 氷⋯⋯2個

　　 オリーブ油⋯⋯大さじ1

　　 塩・こしょう⋯⋯各少々

**B** ｜ トマト・きゅうり（7mm角に切る）⋯⋯各大さじ1

　　 紫玉ねぎ（または玉ねぎ／7mm角に切る）⋯⋯大さじ1

塩・こしょう⋯⋯各適量

オリーブ油⋯⋯適量

**作り方**

**1** トマト、紫玉ねぎ、きゅうり、セロリ、フランスパンはぶつ切りにする。ミキサーに入れて**A**を加え、なめらかになるまで撹拌する。

**2** **1**を器に注ぎ、**B**を飾って塩、こしょうをふり、油を回しかける。

**memo**

加える野菜はレシピに限らずキャベツなどの余り野菜を加えてもOK。微妙な味の違いを楽しんで。

普通のつゆに飽きたらぜひ！
めんにからむトマトがクセになる

# すりおろしトマトの そうめん

**材料**（2人分）

トマト⋯⋯2個（400g）

そうめん⋯⋯2束

A｜めんつゆ（3倍濃縮）⋯⋯50㎖
　｜すりおろししょうが⋯⋯小さじ1

みょうが（せん切りにし、さっと水にさらして水けをきる）⋯⋯1本分

青じそ（せん切りにし、さっと水にさらして水けをきる）⋯⋯3枚分

## 作り方

1 トマトはすりおろし、ボウルに入れ、Aを加えて混ぜ合わせる。

2 そうめんは袋の表示通りにゆでてざるにあげ、水でしめて水けをきる。器に1を盛り、別の器にそうめんを盛り、みょうが、青じそを添える。

**memo**
トマトの旨味とめんつゆの相性は抜群。塩昆布などをプラスしてもおいしい。

---

**主食**

甘辛い汁にトマトの酸味がGOOD!
八角をきかせた本格派の味わい

# たっぷりトマトの ニューローメン

**材料**（2人分）

トマト⋯⋯2個（400g）

うどん（乾麺）⋯⋯2束

牛切り落とし肉⋯⋯120g

長ねぎ⋯⋯1/2本

しょうが⋯⋯1/2かけ

A｜水⋯⋯500㎖
　｜しょうゆ⋯⋯大さじ2
　｜砂糖⋯⋯大さじ1
　｜豆板醤⋯⋯大さじ1/2
　｜鶏がらスープの素（顆粒）⋯⋯小さじ2
　｜すりおろしにんにく⋯⋯小さじ1
　｜八角⋯⋯1個

ごま油⋯⋯大さじ1

パクチー⋯⋯お好みで

## 作り方

1 トマトは8等分のくし形切りにし、長ねぎは斜め薄切り、しょうがはせん切りにする。

2 うどんは袋の表示通りにゆでてざるにあげる。

3 フライパンに油、しょうがを中火で熱し、牛肉を入れて肉の色が変わるまで炒める。長ねぎを加え、さっと炒めてトマト、Aを加え、10分ほど煮る。

4 器に2を盛り、3をかけてお好みでパクチーをのせる。

**memo**
八角のクセのある香りが苦手だったり、ない場合は加えなくてもよい。

# きゅうり の 使い切り

生で食べることが多い野菜ですが、炒めてもおいしいです。
生、叩いたもの、炒め物、漬け物、それぞれで異なる食感を楽しみましょう。
青臭さが苦手な方は、皮を剥いて種の部分を取り除くと食べやすくなります。

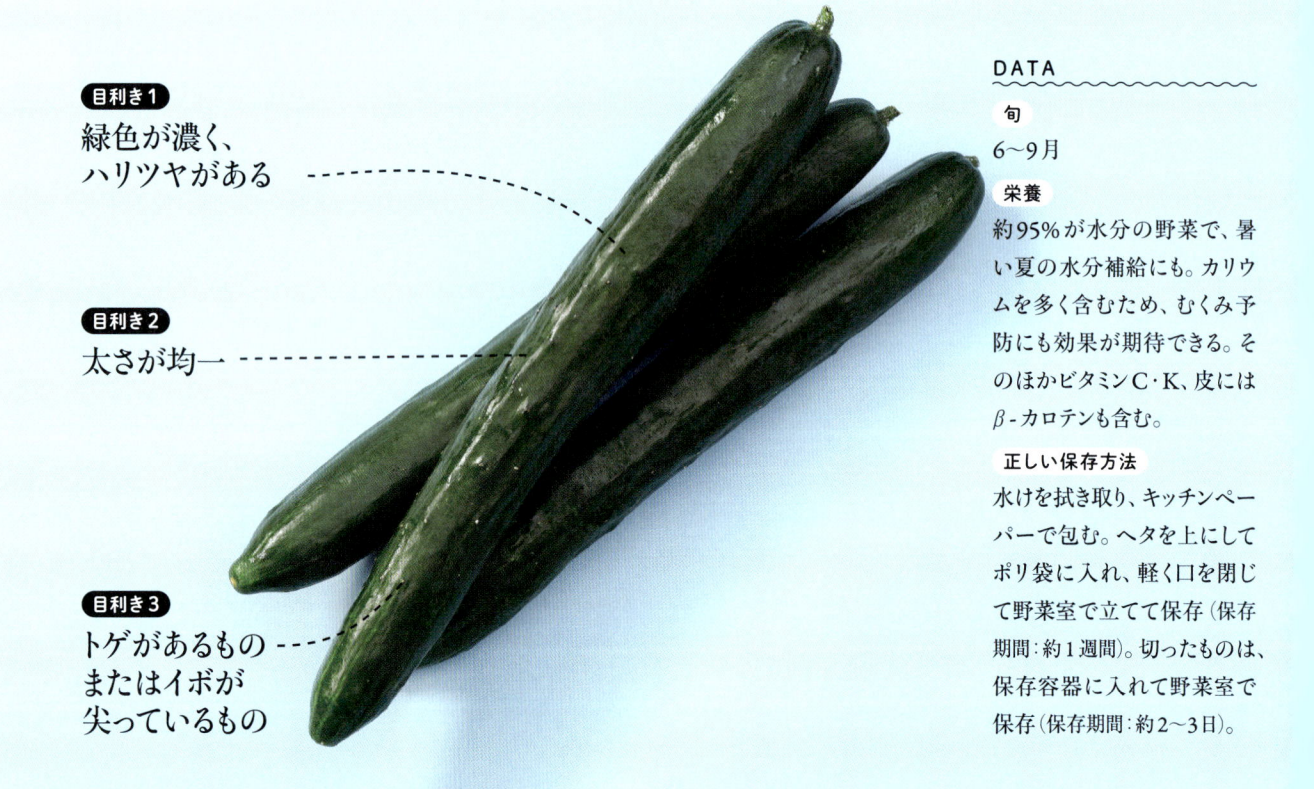

**目利き1**
緑色が濃く、
ハリツヤがある

**目利き2**
太さが均一

**目利き3**
トゲがあるもの
またはイボが
尖っているもの

## DATA

**旬**

6〜9月

**栄養**

約95%が水分の野菜で、暑い夏の水分補給にも。カリウムを多く含むため、むくみ予防にも効果が期待できる。そのほかビタミンC・K、皮には$\beta$-カロテンも含む。

**正しい保存方法**

水けを拭き取り、キッチンペーパーで包む。ヘタを上にしてポリ袋に入れ、軽く口を閉じて野菜室で立てて保存（保存期間：約1週間）。切ったものは、保存容器に入れて野菜室で保存（保存期間：約2〜3日）。

**おすすめ調理アイデア**

鮮度のいいものは生のまま食べてみずみずしさを楽しんで。水分が多いのでしっかり味つけするのがおすすめ。

**よく合う味のテイスト**

酸味のあるものや唐辛子、キムチなどの辛味のあるものと相性がいい。

**こんな調味料も！**

炒め物の具材としても合うのでオイスターソースや豆板醤、みそ、砂糖などの甘辛みそダレとも相性がいい。

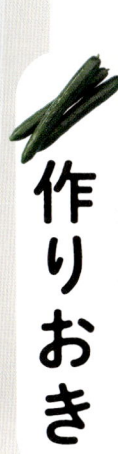

3分 ｜ ピーラー・保存袋 ｜ 酸味 ｜ 冷蔵3〜4日 ｜ 冷凍NG

20分 ｜ 保存袋 ｜ ピリ辛味 ｜ 冷蔵3〜4日 ｜ 冷凍NG

ポリポリ食感とだしの旨味
常備菜にぴったり！

# 縞々きゅうり漬け

**材料**（2人分）
**きゅうり**……2本（200g）
塩……ひとつまみ
赤唐辛子……1本
A｜ 酢……大さじ4
　　砂糖・白だし……各大さじ1

**作り方**

1 きゅうりはピーラーで皮を縞目に剥き、半分の長さに切る。塩をふり、全体になじませる。

2 赤唐辛子は種を取り除く。

3 保存袋にA、2を入れて混ぜ合わせ、1を加えて冷蔵庫で半日以上漬ける。

memo
きゅうりはぶつ切りや輪切りにしてもかわいくておすすめ。

叩いたきゅうりに
ピリ辛のごまダレがからむ

# 叩ききゅうりの
# ピリ辛和え

**材料**（2人分）
**きゅうり**……2本（200g）
塩……小さじ1/3
A｜ 白すりごま・酢……各大さじ1
　　しょうゆ・ごま油……各大さじ1/2
　　豆板醤……小さじ1/2

**作り方**

1 きゅうりはめん棒で叩いて一口大に割る。塩をふり、5分ほどおいて水けを絞る。

2 保存袋にAを入れて混ぜ合わせ、1を加えて冷蔵庫で15分以上漬ける。

memo
辛味が苦手な方は豆板醤を入れずに、しょうゆ小さじ1/2を追加して入れるのがおすすめ。

作りおき

ブルガリアのスープを青じそでアレンジ
きゅうりとくるみの食感が楽しい

# きゅうりのタラトール

**材料**（2人分）

**きゅうり……1本（100g）**

塩……ふたつまみ

くるみ……6個

A｜プレーンヨーグルト……150g
　｜水……100mℓ
　｜すりおろしにんにく……小さじ2
　｜レモン汁……小さじ1
　｜塩・こしょう……各少々

青じそ（せん切りにし、さっと水にさらして水けをきる）
　　……4枚分

## 作り方

1 きゅうりは7mm角に切り、塩をふる。くるみは粗く砕く。

2 ボウルにAを入れて混ぜ合わせ、1を加えて和える。
　器に盛り、青じそを散らす。

〜〜〜〜〜

**memo**

くるみの代わりにアーモンドや落花生を入れてもおいしい。

これさえあれば、
ごはんが進む！

# ポリポリきゅうりの
# 漬け物

**材料**（2人分）

**きゅうり……2本（200g）**

しょうが……1かけ

A｜酢……100mℓ
　｜しょうゆ……50mℓ
　｜砂糖……大さじ3
　｜輪切り唐辛子・塩……各小さじ1/2

## 作り方

1 きゅうりは1cm幅の輪切りにし、しょうがはせん切りに
　する。

2 鍋にしょうが、Aを入れて一煮立ちさせる。きゅうりを
　加え、さらに一煮立ちさせて火を止める。粗熱が取れ
　たら冷蔵庫で1日漬ける。

〜〜〜〜〜

**memo**

お好みで刻み昆布と一緒に漬けてもさらにおいしくなるので
おすすめ。

主菜

**ひき肉の旨味がからむ！**
**炒めたきゅうりの新食感が楽しい**

# きゅうりの
# そぼろ炒め

**材料**（2人分）
**きゅうり**……**2本**（200g）
豚ひき肉……100g
長ねぎ……1/4本
A ｜ オイスターソース・酒……各大さじ1
｜ しょうゆ……小さじ1
｜ すりおろししょうが・すりおろしにんにく
｜ 　……各小さじ1/2
ごま油……大さじ1

**作り方**

1 きゅうりは乱切りにし、長ねぎはみじん切りにする。

2 フライパンに油を中火で熱し、ひき肉、長ねぎを入れて肉の色が変わるまで炒める。

3 きゅうりを加え、さっと炒めてAを加え、全体にからませながらさっと炒める。

~~~~~~~~~~
**memo**
きゅうりはほどよい食感が残る程度に炒めるとおいしく仕上がる。

---

**定番の組み合わせに**
**三つ葉と塩昆布をプラスして和風味に**

# きゅうりと蒸し鶏の
# サラダ

**材料**（2人分）
**きゅうり**……**2本**（200g）
鶏ささみ肉……2本（100g）
塩……ふたつまみ
三つ葉……6本
酒……大さじ1/2
A ｜ 塩昆布……10g
｜ ポン酢しょうゆ……大さじ1

**作り方**

1 きゅうりは縦半分に切り、斜め薄切りにする。塩をふり、5分ほどおいて水けを絞る。三つ葉はざく切りにする。

2 鶏肉は筋を取って耐熱皿に並べ、酒をふる。ふんわりとラップをして電子レンジで火が通るまで4分ほど加熱し、粗熱が取れたら食べやすい大きさに裂く。

3 ボウルにAを入れて混ぜ合わせ、1、2を加えて和える。

~~~~~~~~~~
**memo**
三つ葉の代わりにかいわれ大根を入れるとピリッとした味わいに。

主菜

## 左側

15分 ｜ フライパン ｜ ピリ辛味 ｜ 冷蔵3〜4日 ｜ 冷凍NG

コクのあるピリ辛味に
きゅうりのみずみずしさがマッチ

# きゅうりといかの
# 豆板醤炒め

**材料**(2人分)
**きゅうり**……**2本**(200g)
いかげそ……2杯分
A｜みそ・みりん……各大さじ1
　｜すりおろししょうが・すりおろしにんにく・豆板醤・
　｜砂糖……各小さじ1
塩・こしょう……各少々
ごま油……大さじ1

**作り方**

1 きゅうりは乱切りにする。いかげそは吸盤を洗い落として足先を切り落とし、足を2本ずつに切る。Aは混ぜ合わせておく。

2 フライパンに油を中火で熱し、いかげそを入れて色が変わるまで炒める。

3 きゅうりを加えて塩、こしょうをふり、さらに炒める。油が回ったらAを加え、1〜2分ほど全体を炒めながらからめる。

**memo**
いかはげそではなく、胴体のほうにしてもボリューミーに仕上がる。

## 右側

10分 ｜ ピーラー・フライパン ｜ 塩味 ｜ 冷蔵3〜4日 ｜ 冷凍NG

えびの旨味がしょうがで引き立つ
輪切りきゅうりで歯応えもしっかり

# きゅうりとえびの
# ジンジャー炒め

**材料**(2人分)
**きゅうり**……**2本**(200g)
むきえび(冷凍)……120g
しょうが……1かけ
A｜白だし……大さじ1
　｜塩……ふたつまみ
　｜こしょう……少々
サラダ油……大さじ1

**作り方**

1 きゅうりはピーラーで皮を縞目に剥き、1.5cm幅のぶつ切りにする。しょうがはせん切りにする。

2 フライパンに油を中火で熱し、しょうが、むきえびを入れてえびに火が通るまで炒める。

3 きゅうりを加えてさらに炒め、全体に油が回ったらAを加えて1〜2分ほど炒めながらからめる。

**memo**
むきえびは冷凍シーフードでも代用可能。

副菜

10分 ｜ ボウル ｜ わさび味 ｜ 冷蔵3〜4日 ｜ 冷凍NG

10分 ｜ 甘辛味 ｜ 冷蔵3〜4日 ｜ 冷凍NG

**切って和えるだけ！**
**ツンとくるわさびがアクセント**

# きゅうりの
# わさび納豆和え

**材料（2人分）**
きゅうり……**1本**（100g）
塩……ひとつまみ
納豆……1パック
A｜練りわさび・しょうゆ……各小さじ1

**作り方**

1 きゅうりは小口切りにし、塩をふって5分ほどおいたら水けを絞る。

2 ボウルに納豆、Aを入れて混ぜ合わせ、1を加えて和える。

〜〜〜〜〜〜〜〜〜〜〜〜〜〜〜〜〜〜〜〜〜〜
**memo**
きゅうりはしっかりと水けを絞ることで納豆と味がよくなじむ。

**せん切りきゅうりを巻くだけ！**
**お手軽エスニック**

# きゅうりとハムの
# 生春巻き

**材料（2人分）**
きゅうり……**2本**（200g）
マヨネーズ……大さじ2
生ハム……6枚
生春巻きの皮……小6枚
スイートチリソース……大さじ2

**作り方**

1 きゅうりはせん切りにして6等分にする。

2 生春巻きの皮を水で戻し、その上に生ハム1枚を広げて1/6量のきゅうりとマヨネーズをのせて巻く。同様にこれをあと5個作る。半分に切り、スイートチリソースを添えてつけながらいただく。

〜〜〜〜〜〜〜〜〜〜〜〜〜〜〜〜〜〜〜〜〜〜
**memo**
スイートチリソースではなく、ポン酢しょうゆで食べてもおいしい。

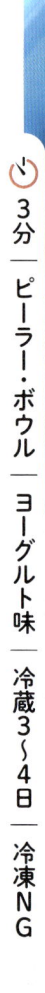

副菜

ミントがさわやかなインドのサラダ
カレーなどのつけ合わせに

# きゅうりのライタ

**材料**（2人分）

**きゅうり**……**2本**(200g)

A｜プレーンヨーグルト……100g
｜クミンパウダー……5〜6ふり
｜塩……小さじ1/3

ミント……お好みで

**作り方**

1 きゅうりはピーラーで皮を縞目に剥き、1cm幅の小口切りにする。

2 ボウルにAを入れて混ぜ合わせ、1を加えて和える。お好みでミントを加える。

**memo**
ミントはお好みでたっぷり入れてもおしゃれに。ディルを加えてもさらにワンランク上の料理に仕上がる。

あと1品欲しいときの救世主！
お好みでごま油を加えても

# きゅうりの
# キムチ和え

**材料**（2人分）

**きゅうり**……**2本**(200g)

キムチ……80g

ポン酢しょうゆ……小さじ2

**作り方**

1 きゅうりはめん棒で叩いて、一口大にする。キムチは1cm幅に刻む。

2 ボウルに1、ポン酢しょうゆを入れて和える。

**memo**
キムチはお好みで量を調整して。

## 左ページ

8分 ｜ ボウル ｜ みそ味 ｜ 冷蔵3〜4日 ｜ 冷凍NG

夏にぴったり！
さば缶で旨味と栄養をアップ

# 冷や汁

**材料**（2人分）
**きゅうり**……**1本**（100g）
塩……ふたつまみ
さば缶（水煮）……1缶（180g）
木綿豆腐……1/2丁（150g）
みょうが……1本
A｜無調整豆乳……200mℓ
　｜白すりごま・みそ……各大さじ1
　｜白だし……大さじ1/2
　｜しょうゆ……小さじ1
ごはん……茶碗2杯分

**作り方**

1 きゅうりは小口切りにする。塩をふって揉み込み、5分ほどおいて水けを絞る。さばは汁けをきる。豆腐は水けをきり、一口大にちぎる。みょうがは小口切りにする。

2 ボウルにAを入れて混ぜ合わせ、きゅうり、さば、木綿豆腐を加えて和える。

3 器にごはんを盛り、2をかけてみょうがをのせる。

**memo**
お好みで青じそやねぎなどの香味野菜をプラスしてもさらにおいしい。

## 右ページ

5分 ｜ ボウル ｜ 酸味 ｜ 冷蔵3〜4日 ｜ 冷凍NG

さっぱりきゅうりとレモンに
ハムチーズのバランスがGOOD!

# きゅうりとチーズの洋風ちらし

**材料**（2人分）
**きゅうり**……**1本**（100g）
プロセスチーズ……40g
塩……ふたつまみ
ロースハム……2枚
国産レモンの輪切り……2枚
ごはん……茶碗2杯分
すし酢……大さじ2

**作り方**

1 きゅうりは小口切りにする。塩をふって5分ほどおいて水けを絞る。ハムは1.5cm角に切り、チーズは1cm角に切る。レモンは2〜3mm幅のいちょう切りにする。

2 ボウルにごはん、すし酢を入れて混ぜ合わせ、1を加えて混ぜ合わせる。

**memo**
きゅうりは薄く切ってしっかりと水けを絞ると、ごはんとのなじみがよくなる。

# なす
## の
## 使い切り

スポンジ状の果肉は油や調味料をたっぷり吸い込むので、揚げ物や炒め物だけでなく、
汁物や煮物にもぴったり。淡白な味は味つけのジャンルも問わない万能野菜です。
余ったら漬け物にするのもおすすめです。

**目利き 1**
紫色が濃く、
ハリツヤがある

**目利き 2**
ヘタの切り口が緑色で
品種によってヘタにトゲがある

**目利き 3**
ガクの下の実が白い

## DATA

**旬**
6〜9月

**栄養**
紫の色素ナスニンは、免疫機能の低下や老化を引き起こす活性酸素を抑える働きがあり、皮ごと調理するのがおすすめ。カリウムも豊富。

**正しい保存方法**
1個ずつラップで包んで保存袋に入れ、野菜室で保存（保存期間：5〜7日間）。切ったものは、ラップをぴっちりして野菜室で保存（保存期間：約1〜2日間）。または切ったものを冷凍用保存袋に入れて冷凍室で保存（保存期間：約1ヵ月）。

### おすすめ調理アイデア
生、蒸す、焼く、炒める、揚げるなど、どのような調理法でも合うので、マンネリ化せずにさまざまな調理を楽しんで。

### よく合う味のテイスト
なす自体の味があまり強くないのでどのような味にも合う。また、油を使う料理のときはしっかり味をつけると食べやすい。

### こんな調味料も！
どのような調味料でも合うが、魚介だしなどと合わせるとさっぱりとした味わいも楽しめる。

8分 | 保存袋・鍋 | 酸味 | 冷蔵3〜4日 | 冷凍1カ月

# 作りおき

10分 | フライパン | にんにく味 | 冷蔵3〜4日 | 冷凍1カ月

揚げたとろとろのなすを
キリッとしょうがが引き締める

## 揚げなすの南蛮風

**材料**（2人分）

**なす**……**2本**（160g）

A｜酢・しょうゆ……各大さじ1
　｜すりおろししょうが……小さじ1

揚げ油……適量

**作り方**

**1** なすは縦半分に切り、皮目に格子状の切り込みを入れてキッチンペーパーで水けを拭き取る。保存袋にAを混ぜ合わせる。

**2** 鍋に揚げ油を180℃に熱し、なすを入れて1〜2分ほど揚げる。熱いうちに1の保存袋に入れて30分以上漬ける。

**memo**
たっぷり作って盛りつけ時に青じそをプラスしたり、削り節をかけたり、器の上でもアレンジができる。

スパイスとレモンの酸味がきいた
インドの漬け物をなすで

## なすのアチャール

**材料**（2人分）

**なす**……**2本**（160g）

A｜すりおろしにんにく……小さじ1
　｜ターメリックパウダー……小さじ1/2
　｜クミンシード……小さじ1/4

B｜レモン汁……小さじ2
　｜塩……小さじ1/2

サラダ油……大さじ2

**作り方**

**1** なすは1.5cm角に切り、水に2〜3分さらしてキッチンペーパーで水けを拭き取る。

**2** フライパンに油、Aを入れて中火で熱し、香りが立ったら1を加えてしんなりするまで炒める。Bを加え、一混ぜして火を止める。

**memo**
クミンシードがない場合は、カレー粉に替えてもおいしく仕上がる。

作りおき

**5分 ｜ 保存袋 ｜ 酸味 ｜ 冷蔵3〜4日 ｜ 冷凍1カ月**

**8分 ｜ 電子レンジ・ボウル ｜ ポン酢しょうゆ味 ｜ 冷蔵3〜4日 ｜ 冷凍1カ月**

酸味と旨味がなすになじんで
ジュワッと広がる

# なすとにんじんの 塩昆布漬け

**材料**（2人分）
**なす**……**2本**（160g）
にんじん……40g
塩昆布……大さじ1
酢……大さじ2

**作り方**

1 なすは斜め薄切りにする。水にさっとさらしてキッチンペーパーで水けを拭き取る。にんじんはせん切りにする。

2 保存袋にすべての材料を加えて袋の上から揉み込み、冷蔵庫で30分ほど味をなじませる。

**memo**
きゅうりやセロリを入れてもおいしく仕上がる。

レンチンでできるヘルシーメニュー
和食のときのもう一品に

# 蒸しなす しょうがダレ

**材料**（2人分）
**なす**……**2本**（160g）
A ｜ ポン酢しょうゆ……大さじ2
　　 すりおろししょうが……小さじ1
　　 削り節……2g

**作り方**

1 なすは放射状に8等分に切り、水にさっとさらす。

2 耐熱皿に1を広げ、ふんわりとラップをして電子レンジで火が通るまで3分加熱する。

3 ボウルにAを入れて混ぜ合わせ、2を加えて15分ほど漬ける。

**memo**
今回はすりおろししょうがで作っているが、すりおろしにんにく小さじ1に替えてもおいしい。

**肉よりなすが主役！ タイ料理の定番**

# たっぷりなすの ガパオ風

**材料**（2人分）

なす……**2本**（160g）

鶏ひき肉……120g

**A** ｜ 玉ねぎ……1/4個
｜ しょうが・にんにく……各1/2かけ

卵……2個

**B** ｜ オイスターソース……大さじ1
｜ ナンプラー……大さじ1/2
｜ 輪切り唐辛子……小さじ1/2

ごはん……茶碗2杯分

サラダ油……大さじ1

バジル……適量

**作り方**

1 なすは1.5cm角に切り、水に2〜3分さらしてキッチンペーパーで水けを拭き取る。Aはみじん切りにする。

2 フライパンに油を中火で熱し、卵を割り入れて目玉焼きを作り、取り出す。

3 2のフライパンにひき肉、Aを入れて肉の色が変わるまで炒める。

4 なすを加えてしんなりするまで炒め、Bを加えて1〜2分ほど全体を炒めながらからめる。

5 器にごはん、4を盛り、2をのせてお好みでバジルを添える。

**memo**
バジルがない場合は、青じそに替えてもおいしく仕上がる。

## 主菜

**ごま×みそのこっくり味に**
**さわやかな青じそがアクセント**

# なすと豚肉の ごまみそ炒め

**材料**（2人分）

なす……**2本**（160g）

豚こま切れ肉……100g

しょうが……1/2かけ

**A** ｜ 酒……大さじ2
｜ みそ……大さじ1
｜ 白いりごま……大さじ1/2
｜ 砂糖……小さじ1
｜ しょうゆ……小さじ1/2

ごま油……大さじ1

青じそ（ちぎる）……3枚分

**作り方**

1 なすは乱切りにし、水にさっとさらしてキッチンペーパーで水けを拭き取る。しょうがはせん切りにする。

2 フライパンに油、しょうがを中火で熱し、豚肉を入れて肉の色が変わるまで炒める。

3 なすを加えてしんなりするまでさらに炒め、Aを加えてとろみがつくまで炒めながらからめる。器に盛り、青じそを散らす。

**memo**
なすと豚肉に焼き色をつけると香ばしくておいしく仕上がる。

111

相性抜群のひき肉と一緒に
ドーンと丸ごと召し上がれ

# なすの挟み揚げ

**材料**（2人分）

**なす……2本**（160g）
片栗粉……大さじ1＋大さじ1＋適量
玉ねぎ……1/8個
豚ひき肉……200g
塩・こしょう……各少々
卵……1個
揚げ油……適量

**作り方**

1 なすはヘタを残したまま縦半分に切り、さらに縦半分に切り込みを入れて片栗粉大さじ1を切り口にまぶす。玉ねぎはみじん切りにする。

2 ボウルにひき肉、塩、こしょうを入れて粘り気が出るまで混ぜ合わせる。玉ねぎ、卵を加えてさらに混ぜ、片栗粉大さじ1を加えて混ぜる。

3 なめらかになったら4等分にしてなすの間に肉だねを挟む。片栗粉適量を全体にまぶす。

4 鍋に揚げ油を180℃に熱し、3を入れて4〜5分揚げる。

〜〜〜〜〜〜〜〜〜〜〜
**memo**
お好みでソースやトマトケチャップをかけて食べても。

---

🍆**主菜**

辛×甘×酸
この1皿ですべて味わえる！

# なすと鶏むね肉の
# チリソース炒め

**材料**（2人分）

**なす……2本**（160g）
鶏むね肉……1枚（280g）
塩・こしょう……各少々
片栗粉……大さじ3
さやいんげん……3本
A｜トマトケチャップ・酒……各大さじ2
　｜すりおろしにんにく・砂糖……各大さじ1/2
　｜豆板醤……小さじ1
サラダ油……大さじ1＋大さじ1

**作り方**

1 なすは縦半分に切り、1.5cm幅の斜め切りにする。さっと水にさらしてキッチンペーパーで水けを拭き取る。さやいんげんはヘタを切り落として3等分に切り、ラップで包んで電子レンジで30秒加熱する。

2 鶏肉は一口大のそぎ切りにし、塩、こしょうをふって片栗粉をまぶす。

3 フライパンに油大さじ1を中火で熱し、2を入れて焼き色がつくまで焼く。ひっくり返して蓋をし、3分ほど焼いて取り出す。

4 3のフライパンに油大さじ1を中火で熱し、なす、いんげんを入れてなすに火が通るまで炒める。3を戻し入れ、Aを加えて1〜2分炒めながらからめる。

〜〜〜〜〜〜〜〜〜〜〜
**memo**
辛味が苦手な方は豆板醤を入れずに、塩少々を追加で入れるのがおすすめ。

**副菜**

## 左のレシピ

25分 ｜ 魚焼きグリル・ボウル ｜ わさび味 ｜ 冷蔵3〜4日 ｜ 冷凍NG

じっくり焼いたなすのおいしさを
薬味と合わせて堪能して

# 焼きなすと青じその
# さっぱりわさび和え

**材料**（2人分）
**なす……2本**（160g）
A ｜ 酢・しょうゆ……各大さじ1
　｜ 練りわさび……小さじ1/2
青じそ（ちぎる）……2枚分

**作り方**

1　なすはガクを切り落とし、縦に4〜5本切り込みを入れる。魚焼きグリルに入れ、強火で途中ひっくり返しながら15〜20分焼く。

2　1の皮を剥いてヘタを切り落とし、2等分にして一口大に裂き、器に盛る。

3　ボウルにAを入れて混ぜ合わせ、2にかけて青じそを散らす。

〜〜〜〜〜〜
memo
三つ葉を加えればさらに上品な仕上がりに。

## 右のレシピ

10分 ｜ フライパン ｜ しょうゆ味 ｜ 冷蔵3〜4日 ｜ 冷凍1カ月

ごま油と甘辛のタレがしみたなすは
メイン級の満足感

# なすのかば焼き風

**材料**（2人分）
**なす……2本**（160g）
A ｜ しょうゆ・みりん……各大さじ1
　｜ 砂糖……大さじ1/2
ごま油……大さじ2

**作り方**

1　なすは縦1cm幅に切り、さっと水にさらしてキッチンペーパーで水けを拭き取る。

2　フライパンに油を強火で熱し、1を入れて両面焼き色がつくまで焼く。Aを加え、1〜2分ほど炒めながらからめる。

〜〜〜〜〜〜
memo
強火でしっかりと焼き色をつけるのがコツ。バターをプラスしてもおいしく仕上がる。

⏱ 8分 ｜ フライパン ｜ コンソメ味 ｜ 冷蔵3〜4日 ｜ 冷凍1ヵ月

🍆 副菜

**メイン食材2つでも旨味十分
乱切りのなすで食べ応えもある**

# なすとベーコンの
# コンソメ炒め

**材料**（2人分）
なす……**2本**（160g）
ベーコン……2枚
A｜すりおろしにんにく・コンソメ（顆粒）……各小さじ1
｜塩……ふたつまみ
｜黒こしょう……少々
オリーブ油……大さじ1
イタリアンパセリ……お好みで

**作り方**

1 なすは乱切りにする。ベーコンは1cm幅に切る。

2 フライパンに油を中火で熱し、1を入れてなすに火が
　通るまで炒める。

3 Aを加え、1〜2分炒めながらからめる。器に盛り、お
　好みでイタリアンパセリを添える。

〜〜〜〜〜〜〜〜〜〜〜〜
memo
なすは半月切りにすると火の通りがよくなり違った味わいに。

---

⏱ 15分 ｜ ピーラー・電子レンジ・鍋 ｜ みそ味 ｜ 冷蔵3〜4日 ｜ 冷凍NG

**みょうがの食感をアクセントにした
見た目も味も上品なみそ汁**

# 翡翠なすと
# みょうがのみそ汁

**材料**（2人分）
なす……**2本**（160g）
みょうが……1本
だし汁……300㎖
みそ……大さじ1
A｜しょうゆ……小さじ1
｜すりおろししょうが……小さじ1/2

**作り方**

1 なすは皮をピーラーで剥く。水にぬらして1本ずつラ
　ップに包み、電子レンジで3分加熱する。ひっくり返
　して再びラップをし、やわらかくなるまで2分加熱す
　る。粗熱が取れたら半分の長さに切って食べやすい
　大きさに裂き、器に盛る。

2 みょうがは小口切りにしてさっと水にさらし、水けをき
　る。

3 鍋にだし汁を中火で熱し、みそを溶かし入れてAを
　加える。1の器に注ぎ、2をのせる。

〜〜〜〜〜〜〜〜〜〜〜〜
memo
焼きなすにするのもおすすめ。白すりごまや練りごまをプラス
しても。

### とろとろの食感を生かした
### なす料理の新提案

# なすのそうめん風

**材料**（2人分）

**なす**……**3本**(240g)

片栗粉……大さじ4

A | 水……400㎖
　 | めんつゆ（3倍濃縮）……100㎖

B | すりおろししょうが・長ねぎ（各小口切り）……各適量
　 | 青じそ（せん切りにし、さっと水にさらして水けをきる）……適量

**作り方**

1 なすは皮を剥いて縦5㎜幅の薄切りにしてから、5㎜幅の細切りにして片栗粉をまぶす。Aは混ぜ合わせておく。

2 鍋に湯（分量外）を沸かし、なすを入れてさっとゆでる。取り出して水にさっとさらす。

3 器に2を盛り、Aを注ぎ、Bをのせる。

**memo**
さっとゆでると、のどごしがよく、なすの歯応えも残すことができる。

**主食**

### 二度焼きのなすが
### ソースの旨味をぎゅっと吸収！

# ごろごろなすの
# ミートパスタ

**材料**（2人分）

**なす**……**2本**(160g)

スパゲッティ……200g

玉ねぎ……1/4個

にんにく……1/2かけ

合いびき肉……120g

A | カットトマト缶……1/2缶(200g)
　 | 赤ワイン（または酒）……50㎖
　 | トマトケチャップ・ウスターソース……各大さじ1
　 | コンソメ（顆粒）……小さじ1/2

オリーブ油……大さじ1

粉チーズ……大さじ2

パセリ（みじん切り）……小さじ2

**作り方**

1 なすはピーラーで皮を縞目に剥いて1㎝幅に切り、水にさっとさらしてキッチンペーパーで水けを拭き取る。玉ねぎ、にんにくはみじん切りにする。

2 フライパンに油、にんにくを中火で熱し、香りが立ったらなすを入れて両面さっと焼き、一度取り出す。

3 2のフライパンにひき肉、玉ねぎを入れて肉に火が通るまで炒める。なすを戻し入れ、Aを加えて5分ほど煮る。

4 スパゲッティは袋の表示通りにゆでて水けをきり、器に盛る。3をかけて粉チーズ、パセリを散らす。

**memo**
なすにしっかり焼き色をつけるとミートソースに深みが増す。

# ピーマン・パプリカ の 使い切り

ビビッドカラーで食卓を明るくしてくれる緑黄色野菜の1つ。
ピーマンは特徴的な苦味をアクセントにしたり、辛味や濃いめの味つけと合わせるのもおいしいです。
生で食べたり、種やワタにも栄養たっぷりなので、丸ごと蒸し焼きにするのも。

**目利き1**
ハリツヤがある

**目利き2**
ヘタがピンとしている、
または
ヘタの切り口が白い

**目利き3**
重みがある

## DATA

**旬**
ともに6〜8月

**栄養**
ビタミンCを豊富に含む。香り成分のピラジンには血行促進作用の報告も。パプリカにはピラジンは含まれないが、ビタミンC・Eはさらに豊富。

**正しい保存方法**
丸ごとの場合は、1個ずつキッチンペーパーで包んでポリ袋に入れ、軽く口を閉じて野菜室で保存（保存期間：約1〜2週間）。切ったものは、種とワタを取り除き、ラップをぴっちりして野菜室で保存（保存期間：約2〜3日間）。または切ったものは、種とワタを取り除き、冷凍用保存袋に入れて冷凍室で保存（保存期間：約1ヵ月）。

**おすすめ調理アイデア**
ピーマンは焼き色がつくくらいしっかり焼いて苦味をまろやかにするのがおすすめ。パプリカは甘味があるので、炒めて甘さを生かすのがおすすめ。

**よく合う味のテイスト**
和風、洋風、中華風など、どのような味にも合うが、比較的しっかりとした味つけにするのがおすすめ。

**こんな調味料も！**
塩昆布や赤しそふりかけなどの塩味のある味がよく合う。

8分 ｜ 電子レンジ ｜ しょうゆ味 ｜ 冷蔵3〜4日 ｜ 冷凍1カ月

作りおき

10分 ｜ グリル・保存袋 ｜ めんつゆ味 ｜ 冷蔵3〜4日 ｜ 冷凍1カ月

細切りにしたピーマンに
食欲そそる和え衣がよくからむ

# ピーマンの
# レンチン中華和え

**材料**（2人分）
**ピーマン**……**4個**（120g）
A｜白いりごま……大さじ1
　｜ごま油……大さじ1/2
　｜すりおろしにんにく・しょうゆ……各小さじ1
　｜鶏がらスープの素（顆粒）……小さじ1/2

**作り方**

1　ピーマンは縦半分に切り、ワタと種を取り除いて繊維を断ち切るように1cm幅の細切りにする。

2　耐熱容器にすべての材料を入れ、ふんわりとラップをして電子レンジで4分加熱し、よく混ぜる。

**memo**
電子レンジで加熱をしたあと、しっかりと混ぜるのがおいしく仕上げるコツ。

じっくり焼いたピーマンの甘味を
しょうがが引き立てる

# ピーマンの焼き浸し

**材料**（2人分）
**ピーマン**……**4個**（120g）
A｜めんつゆ（3倍濃縮）……大さじ1
　｜すりおろししょうが……小さじ1

**作り方**

1　ピーマンは縦半分に切り、ヘタと種を取り除いてグリルで7〜8分加熱する。

2　保存袋にAを入れて混ぜ合わせ、1を加えて30分ほど漬ける。

**memo**
今回はグリルを使用しているが、トースターで10分ほど加熱しても。お好みで削り節を入れたり、食べるときにごま油をかけるのもおすすめ。

作りおき

5分 │ フライパン │ ポン酢しょうゆ味 │ 冷蔵3〜4日 │ 冷凍1カ月

5分 │ フライパン │ ピリ辛味 │ 冷蔵3〜4日 │ 冷凍1カ月

ツナの旨味でパプリカを楽しむ

# 黄パプリカとツナの やみつき炒め

**材料**（2人分）

**パプリカ**（黄）……**1個**（150g）

ツナ缶（水煮）……1缶（70g）

A │ ポン酢しょうゆ……大さじ1
　 │ すりおろしにんにく……小さじ1/2

ごま油……大さじ1/2

**作り方**

1 パプリカは縦半分に切り、ワタと種を取り除いて繊維に沿って1cm幅の細切りにする。ツナは汁けを軽くきる。

2 フライパンに油を中火で熱し、1を入れて炒める。全体に油が回ったらAを加え、1〜2分炒めながらからめる。

〜〜〜〜〜〜〜〜〜〜〜〜〜〜〜〜〜〜〜〜〜

memo

ごま油はオリーブ油に替えたら洋風に仕上げることができる。

ピーマンの苦味に
コクのある辛味を合わせて

# ピーマンの コチュジャン炒め

**材料**（2人分）

**ピーマン**……**4個**（120g）

A │ みりん……大さじ2
　 │ コチュジャン……大さじ1
　 │ すりおろしにんにく……小さじ1

ごま油……大さじ1

**作り方**

1 ピーマンは縦半分に切り、ワタと種を取り除いて乱切りにする。

2 フライパンに油を中火で熱し、ピーマンを入れてさっと炒め、Aを加えて味がなじむまで炒めながらからめる。

〜〜〜〜〜〜〜〜〜〜〜〜〜〜〜〜〜〜〜〜〜

memo

調味液を加えたら、とろみがついてなじむまでしっかりと炒めるのがポイント。

定番の肉詰めを
パプリカで華やかな見た目に

# 輪切りパプリカの肉詰め

**材料**（2人分）
**パプリカ**（赤）⋯⋯1個（150g）
合いびき肉⋯⋯120g
薄力粉⋯⋯小さじ1
玉ねぎ⋯⋯1/4個
塩⋯⋯ひとつまみ

A｜卵⋯⋯1個
　｜パン粉⋯⋯大さじ3
　｜牛乳⋯⋯大さじ1
　｜すりおろしにんにく
　｜　⋯⋯小さじ1

B｜赤ワイン⋯⋯50ml
　｜トマトケチャップ⋯⋯大さじ2
　｜ウスターソース⋯⋯大さじ1
オリーブ油⋯⋯大さじ1

**作り方**

1 パプリカはヘタを切り落とし、ワタと種をくり抜いて内側に薄力粉をまぶす。玉ねぎはみじん切りにする。

2 ボウルにひき肉、塩を入れて粘り気が出るまでよく混ぜる。玉ねぎ、Aを加えてなめらかになるまで混ぜ、1のパプリカに詰めて2cm幅の輪切りにする。

3 フライパンに油を中火で熱し、両面3〜4分ずつ焼いて器に盛る。

4 3のフライパンにBを入れて中火で熱し、とろみがつくまで煮詰めて3にかける。

**memo**
パプリカの大きさに合わせて詰める肉だねの量は調整して。

**主菜**

ピーマンの強い味は
オイスターソースとも相性抜群

# ピーマンと鶏むね肉のオイスターソース炒め

**材料**（2人分）
**ピーマン**⋯⋯3個（90g）
鶏むね肉⋯⋯1枚（280g）
塩・こしょう⋯⋯各少々

A｜オイスターソース⋯⋯大さじ1と1/2
　｜すりおろししょうが⋯⋯小さじ1
　｜しょうゆ⋯⋯小さじ1/2
片栗粉⋯⋯大さじ2
ごま油⋯⋯大さじ1

**作り方**

1 ピーマンは縦半分に切り、ワタと種を取り除いて乱切りにする。鶏肉は一口大のそぎ切りにして塩、こしょうをふり、片栗粉をまぶす。

2 フライパンに油を中火で熱し、鶏肉を入れて焼き色がつくまで焼く。ひっくり返してピーマンを加え、蓋をして3分ほど焼く。

3 Aを回し入れ、1〜2分全体を炒めながらからめる。

**memo**
鶏むね肉は繊維を断ち切るようにそぎ切りにすると、よりふっくらとおいしく仕上がる。

ピーマンの苦味ともよく合う！

# ピーマンチャンプルー

**材料**（2人分）

**ピーマン**……3個（90g）

木綿豆腐……1/2丁（150g）

しょうが……1/2かけ

豚こま切れ肉……80g

卵……2個

A ｜ 酒・白だし……各大さじ1
　｜ しょうゆ……大さじ1/2

削り節……2g

サラダ油……大さじ1

**作り方**

1 ピーマンは縦半分に切り、ワタと種を取り除いて繊維に沿って1cm幅の細切りにする。豆腐は水けをきり、適当な大きさにちぎる。しょうがはせん切りにし、卵はボウルに割り入れて溶きほぐす。

2 フライパンに油を中火で熱し、豚肉、しょうがを入れて肉の色が変わるまで炒める。ピーマンを加えてしんなりするまで炒め、豆腐、Aを加えて調味料が全体になじむまで炒めながらからめる。

3 溶き卵を回し入れ、半熟状になったら火を止める。削り節を加え、全体を混ぜ合わせる。

**memo**

しっかり炒めて合わせ調味料をなじませるのがおいしく仕上げるポイント。

---

## 主菜

歯応えのよいピーマンと
香味野菜の香りでごはんが進む！

# 麻婆ピーマン

**材料**（2人分）

**ピーマン**……5個（150g）

豚ひき肉……120g

長ねぎ……1/4本

にんにく……1/2かけ

しょうが……1/2かけ

A ｜ 水……100mℓ
　｜ オイスターソース……大さじ1
　｜ 豆板醤……大さじ1/2
　｜ 砂糖……小さじ1
　｜ 鶏がらスープの素（顆粒）……小さじ1/2

水溶き片栗粉……水小さじ2＋片栗粉小さじ1

ごま油……大さじ1

**作り方**

1 ピーマンは縦半分に切り、ワタと種を取り除いて乱切りにする。長ねぎ、にんにく、しょうがはみじん切りにする。

2 フライパンに油、にんにく、しょうがを中火で熱し、香りが立ったら長ねぎ、ひき肉を加えて肉の色が変わるまで炒める。

3 ピーマンを加えてさっと炒め、Aを加えて2分ほど煮たら水溶き片栗粉を加えてとろみをつける。

**memo**

花椒少々を加えると、しびれる辛さになって本格的な仕上がりに。

副菜

ちくわの旨味を生かして
味つけはめんつゆだけでOK

# ピーマンとちくわの甘辛炒め

**材料**（2人分）
**ピーマン**……3個（90g）
ちくわ……2本
A ｜ めんつゆ（3倍濃縮）・みりん……各大さじ1
白いりごま……小さじ1
ごま油……大さじ1/2

**作り方**

1 ピーマンは縦半分に切り、ワタと種を取り除いて繊維を断ち切るように7mm幅の薄切りにする。ちくわは斜め薄切りにする。

2 フライパンに油を中火で熱し、1を入れて炒める。全体に油が回ったら、Aを加えてさっと炒めながらからめ、白いりごまをふる。

**memo**
ピーマンは繊維を断ち切るように切ることで早く火が通り、よく味をなじませることができる。

生のピーマンの食感とみずみずしさを
絶品香味ソースで味わう

# ピーマンじゃこねぎソースがけ

**材料**（2人分）
**ピーマン**……2個（60g）
しらす干し……大さじ2
長ねぎ……1/4本
A ｜ 酢・ごま油……各大さじ2
白いりごま・しょうゆ……各大さじ1
すりおろししょうが……大さじ1/2

**作り方**

1 ピーマンは縦半分に切り、ワタと種を取り除いて繊維に沿って3〜4mm幅の薄切りにして器に盛る。長ねぎはみじん切りにする。

2 フライパンにしらす干し、長ねぎ、Aを入れて中火で熱し、長ねぎがしんなりするまで炒めて1のピーマンにかける。

**memo**
ピーマンはなるべく細く切ることで、シャキシャキとした生のピーマンの食感とおいしさを楽しむことができる。

8分 ｜ フライパン ｜ からし味 ｜ 冷蔵3〜4日 ｜ 冷凍1カ月

さつま揚げの旨味にピーマンの苦味、
ピリッとからしがよく合う

# ピーマンとさつま揚げのからし炒め

**材料**（2人分）
ピーマン……4個（120g）
さつま揚げ……2枚
A｜白だし・水……各大さじ1
　｜練りからし……小さじ2
サラダ油……大さじ1/2

**作り方**

1 ピーマンは縦半分に切り、ワタと種を取り除いて繊維に沿って、5〜6mm幅の薄切にする。さつま揚げは5mm幅に切る。

2 フライパンに油を中火で熱し、1を入れて炒める。全体に油が回ったらAを加え、1〜2分炒めながらからめる。

**memo**
さつま揚げの代わりにちくわにしてもおいしく仕上がる。

副菜

10分 ｜ トースター ｜ トマトケチャップ味 ｜ 冷蔵3〜4日 ｜ 冷凍1カ月

餃子の皮で作るお手軽ピザ
輪切りピーマンがかわいい

# ピーマンミニピザ

**材料**（2人分）
ピーマン……2個（60g）
餃子の皮……8枚
ロースハム……2枚
トマトケチャップ……24g
ピザ用チーズ……40g

**作り方**

1 ピーマンはヘタを切り落とし、ワタと種をくり抜いて2〜3mm幅の輪切りにする。ハムは半分に切り、縦7mm幅の細切りにする。

2 餃子の皮にトマトケチャップをぬり、ハム、ピーマン、チーズの順に等分にのせる。

3 トースターで焼き色がつくまで3〜4分焼く。

**memo**
今回はピーマンやハム、チーズをのせているが、お好みで具材をアレンジしても。

## 左ページ

15分 ｜ フライパン ｜ 塩味 ｜ 冷蔵3〜4日 ｜ 冷凍NG

具材2つのシンプルな塩焼きそば
しょうがの風味がアクセント

# ピーマンと豚こま切れ肉の焼きそば

**材料**（2人分）
**ピーマン……4個**（120g）
豚こま切れ肉……100g
蒸し中華そば……2玉
しょうが……1/2かけ
熱湯……50㎖
**A** ｜ 鶏がらスープの素（顆粒）……小さじ1
　　｜ 塩……小さじ1/3
　　｜ 粗びき黒こしょう……少々
ごま油……大さじ1

**作り方**

1 ピーマンは縦半分に切り、ワタと種を取り除いて繊維に沿って4〜5㎜幅の薄切りにする。しょうがはせん切りにする。

2 フライパンに油を中火で熱し、豚肉、しょうがを入れて肉の色が変わるまで炒める。ピーマンを加えてさっと炒める。

3 中華そば、熱湯を加えて麺をほぐしながら混ぜ、**A**を加え1〜2分炒める。

**memo**
今回は塩味にしているが、オイスターソース味にしてもおいしく仕上がる。

## 右ページ

5分 ｜ 炊飯器 ｜ カレー味 ｜ 冷蔵3〜4日 ｜ 冷凍1カ月

見た目も香りも食欲そそる！
炊飯器でできるのもうれしい

# 赤パプリカとウインナーのジャンバラヤ

**材料**（2人分）
**パプリカ（赤）……1個**（150g）
ウインナー……4本
玉ねぎ……1/4個
米……2合
**A** ｜ 水……400㎖
　　｜ トマトケチャップ……大さじ2
　　｜ カレー粉……大さじ1
　　｜ すりおろしにんにく・コンソメ（顆粒）……各小さじ1
バター……20g
パセリ（みじん切り）……適量

**作り方**

1 パプリカは1.5㎝角に切り、ウインナーは5㎜幅の輪切り、玉ねぎはみじん切りにする。

2 炊飯器に米、**A**を入れてしっかり混ぜ、**1**、バターをのせて普通モードで炊飯する。

3 炊き上がったら、全体を混ぜて器に盛り、パセリを散らす。

**memo**
具材を米の上にのせる前に、調味液を入れてしっかりと混ぜるのが成功のポイント。お好みで辛味調味料をかけても。

# ブロッコリー の 使い切り

健康や美容に気をつけている人にも人気の栄養満点の緑黄色野菜。
ゆでる、煮るのはもちろんおいしいですが、焼く、炒めるほか、ソースにする使い方も。
茎にも栄養が豊富なので、厚めに皮を剥いて活用し、丸ごと使い切りましょう。

**目利き1**
つぼみが
密集していて、
かたく締まっている

**目利き2**
中央部が
盛り上がっている

**目利き3**
茎の切り口が
みずみずしく、、
黒ずんでいない

## DATA

**旬**
12〜3月

**栄養**
免疫機能を整えたり、美肌作りの元となるビタミンCと、造血などを助ける葉酸の含有量が野菜のなかでもトップクラスで、タンパク質含有量も多い。

**正しい保存方法**
小房に分けてキッチンペーパーで包み、さらにラップをぴっちりする。ポリ袋に入れ、軽く口を閉じて野菜室で立てて保存（保存期間：約3〜4日間）。または小房に分け、冷凍用保存袋に入れて冷凍室で保存（保存期間：約1ヵ月）。

### おすすめ調理アイデア
炒め物で使うときは、かためにゆでるとおいしく仕上がる。鍋やフライパンで蒸し焼きにすると、甘さが引き立つのでおすすめ。

### よく合う味のテイスト
和風、洋風、中華風など、どのような味つけにも合う。房の部分に味がしみ込みやすいので、味をつける際はまんべんなく上下を返して。

### こんな調味料も！
黒こしょうや唐辛子など、ピリッと辛味のある調味料がよく合う。ごまやナッツなどをペーストして和えるのもおすすめ。

**鍋・フライパン｜塩味｜冷蔵3〜4日｜冷凍1カ月**

10分

アンチョビの塩けと旨味で
シンプルながら箸が止まらない一品

# ブロッコリー
# アンチョビ炒め

**材料（2人分）**
**ブロッコリー**……1株（250g）
にんにく……1/2かけ
アンチョビフィレ……2枚
塩・こしょう……各少々
オリーブ油……大さじ2

**作り方**

1 ブロッコリーは小房に分け、2〜3分塩ゆで（分量外）してざるにあげて水けをきる。

2 にんにくはみじん切りにし、アンチョビは粗く刻む。

3 フライパンに油、にんにく、アンチョビを中火で熱し、香りが立ったら1を加えて全体に油が回るまで炒める。塩、こしょうで味をととのえる。

**memo**
アンチョビは香りが立つまでじっくり熱して。ブロッコリーを加えたら歯応えが残る程度にさっと仕上げる。

**電子レンジ・ボウル｜マヨネーズ味｜冷蔵3〜4日｜冷凍1カ月**

10分

オーロラソースが
淡白なブロッコリーと鶏肉にマッチ！

# ブロッコリーと
# 鶏ささみ肉の
# オーロラソース和え

**材料（2人分）**
**ブロッコリー**……1株（250g）
鶏ささみ肉……2本（100g）
水……大さじ1
酒……大さじ1/2
A｜マヨネーズ……大さじ2
　｜トマトケチャップ……大さじ1
　｜すりおろしにんにく……小さじ1
塩・こしょう……各少々

**作り方**

1 ブロッコリーは小房に分け、耐熱皿に入れる。水を加え、ふんわりとラップをして電子レンジで4分加熱する。

2 鶏肉は筋を取り、フォークで数か所穴をあける。耐熱皿に並べて酒をかけ、ふんわりとラップをして電子レンジで2分加熱する。ひっくり返して再びラップをし、火が通るまで1分加熱する。粗熱が取れたら食べやすい大きさに裂く。

3 ボウルにAを入れて混ぜ、1、2を加えて和え、塩、こしょうで味をととのえる。

**memo**
辛味が好きな方は辛味調味料を少々加えるのがおすすめ。

⏱ 10分 ｜ 鍋・フライパン ｜ ポン酢しょうゆ味 ｜ 冷蔵3～4日 ｜ 冷凍1カ月

主菜

**むね肉で味つけもさっぱりと！**
**簡単ヘルシーおかず**

# ブロッコリーと
# 鶏むね肉の
# ポン酢しょうゆ炒め

### 材料（2人分）
ブロッコリー……1株（250g）
鶏むね肉……1枚（280g）
塩・こしょう……各少々
片栗粉……大さじ3
A｜ポン酢しょうゆ……大さじ2
　｜すりおろししょうが……小さじ1
サラダ油……大さじ1

### 作り方
**1** ブロッコリーは小房に分け、2～3分塩ゆで（分量外）してざるにあげて水けをきる。鶏肉は一口大のそぎ切りにし、塩、こしょうをふって片栗粉をまぶす。

**2** フライパンに油を中火で熱し、鶏肉を入れて両面焼き色がつくまで焼く。

**3** ブロッコリーを加えてさっと炒め、Aを加えて全体にとろみがつくまで強めの中火で炒める。

~~~
memo
~~~
調味料を入れたら火にかけすぎないように。強めの中火でさっと味をなじませるのがおすすめ。

⏱ 20分 ｜ 鍋・トースター・ボウル ｜ マヨネーズ味 ｜ 冷蔵3～4日 ｜ 冷凍1カ月

**ブロッコリーとにんにくマヨのソースが**
**淡白な白身魚に合う！**

# 白身魚のブロッコリー
# パン粉焼き

### 材料（2人分）
ブロッコリー……1/2株（125g）
白身魚……2切れ
A｜酒……小さじ2
　｜塩・こしょう……各少々
B｜マヨネーズ……大さじ4
　｜パン粉……大さじ3
　｜すりおろしにんにく……小さじ1
　｜塩・こしょう……各少々
バター……10g

### 作り方
**1** ブロッコリーは小房に分け、2～3分塩ゆで（分量外）してざるにあげて水けをきり、粗く刻む。

**2** 白身魚はアルミホイルにのせて、Aをまぶしてトースターで5分焼き、一度取り出す。

**3** ボウルに1、Bを入れて混ぜ合わせ、2にかける。バターをのせ、トースターで10分焼く。

~~~
memo
~~~
白身魚はたらや鯛がおすすめ。しっかりと焼き色がついて表面が焼きかたまるまで焼くとおいしく仕上がる。

塩ダレでブロッコリーの甘味が引き立つ
彩りもきれいな

# ブロッコリーと
# えびの旨塩ダレ炒め

**材料**（2人分）

**ブロッコリー**……**1/2株**（125g）

むきえび（冷凍）……80g

すりおろしにんにく……小さじ1

A｜鶏がらスープの素（顆粒）……小さじ1
｜塩・こしょう……各少々

サラダ油……大さじ1

**作り方**

1 ブロッコリーは小房に分け、2〜3分塩ゆで（分量外）
してざるにあげて水けをきる。

2 フライパンに油を中火で熱し、凍ったままのむきえび、
にんにくを入れてえびに火が通るまで炒める。1、A
を加えて全体に調味料がなじむまで炒める。

〰 **memo**
えびは炒めすぎるとかたくなるので注意して。

---

**主菜**

食べるソースを
どっさりかけて召し上がれ！

# ポークソテー
# ブロッコリー
# ソースがけ

**材料**（2人分）

**ブロッコリー**……**1/2株**（125g）

豚ロース厚切り肉……2枚（100g×2）

すりおろしにんにく……小さじ1

塩・こしょう……各少々

薄力粉……大さじ3

A｜白ワイン（または酒）・水……各大さじ3
｜コンソメ（顆粒）……小さじ1
｜塩……ふたつまみ
｜粗びき黒こしょう……少々

バター……30g

**作り方**

1 ブロッコリーは小房に分け、2〜3分塩ゆで（分量外）
してざるにあげて水けをきり、粗みじん切りにする。

2 豚肉は筋切りをし、塩、こしょうをふってにんにくをす
り込み、薄力粉を全体にまぶす。

3 フライパンにバターを中火で熱し、2を入れて焼き色
がつくまで焼く。ひっくり返して2分ほど焼き、器に盛
る。

4 3のフライパンにAを加えて1分ほど煮立たせ、1を
加えて和え、3にかける。

〰 **memo**
材料欄のAのソースをしっかりと煮立たせてからブロッコリ
ーを加えると、ソースがおいしく仕上がる。

**オリーブとバジルでワンランク上の味**
**おもてなしにもぴったり**

# ブロッコリーと
# たこのバジル和え

**材料**(2人分)

**ブロッコリー……1株**(250g)

ゆでだこ……150g

ブラックオリーブ（種なし）……6個

バジル……5〜6枚

A ｜ 粉チーズ……大さじ2
　｜ オリーブ油……大さじ1
　｜ レモン汁……小さじ2
　｜ すりおろしにんにく……小さじ1
　｜ 塩……ふたつまみ
　｜ こしょう……少々

**作り方**

1　ブロッコリーは小房に分け、2〜3分塩ゆで（分量外）してざるにあげて水けをきる。ゆでだこは食べやすい大きさに切る。ブラックオリーブは5mm幅の輪切りにし、バジルは粗く刻む。

2　ボウルにAを入れて混ぜ合わせ、1を加えて和える。

**memo**
粉チーズの代わりにカッテージチーズを多めに入れてもおいしく仕上がる。

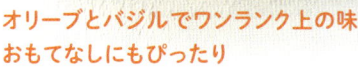

## 副菜

**甘じょっぱいくるみダレが相性抜群！**
**食感も楽しい**

# ブロッコリー
# くるみ和え

**材料**(2人分)

**ブロッコリー……1/2株**(125g)

くるみ……40g

A ｜ 砂糖……大さじ1/2
　｜ しょうゆ……小さじ1

**作り方**

1　ブロッコリーは小房に分け、2〜3分塩ゆで（分量外）してざるにあげて水けをきる。くるみは保存袋に入れ、めん棒で細かく砕く。

2　ボウルにくるみ、Aを入れてよく混ぜ合わせ、ブロッコリーを加えて和える。

**memo**
くるみの代わりにアーモンドや落花生を粗く刻んで和えてもおいしく仕上がる。

主食

## ひき肉と刻んだブロッコリーが めんにからんでおいしい！

# ブロッコリーとひき肉 のペペロンチーノ

**材料**（2人分）
**ブロッコリー**……**1/2株**（125g）
スパゲッティ……200g
豚ひき肉……120g
玉ねぎ……1/4個
A｜すりおろしにんにく……小さじ1
　｜輪切り唐辛子……小さじ1/2
塩……小さじ1/2
粗びき黒こしょう……少々
オリーブ油……大さじ1

**作り方**

1 ブロッコリーは小房に分け、2〜3分塩ゆで（分量外）してざるにあげて水けをきり、粗く刻む。玉ねぎはみじん切りにする。

2 スパゲッティは袋の表示時間通りにゆでて、水けをきる。

3 フライパンに油を中火で熱し、ひき肉、玉ねぎ、Aを入れて肉の色が変わるまで炒める。ブロッコリーを加えてさっと炒め、塩、こしょうで味をととのえる。2を加えて1〜2分炒めながらからめる。

~~~
**memo**
肉は合いびき肉にするとさらにリッチな仕上がりになるのでおすすめ。
~~~

## ゴロゴロ具材とチーズで食べ応え抜群 ホワイトソースもレンチンで

# ブロッコリーと卵の チーズグラタン

**材料**（2人分）
**ブロッコリー**……**1/2株**（125g）
ゆで卵……2個　　　　　塩・こしょう……各少々
薄力粉……20g　　　　　ピザ用チーズ……40g
A｜牛乳……200ml　　　バター……20g
　｜コンソメ（顆粒）　　パセリ（みじん切り）……小さじ1
　｜　……小さじ1/2
　｜塩……小さじ1/3
　｜こしょう……少々

**作り方**

1 ブロッコリーは小房に分け、2〜3分塩ゆで（分量外）してざるにあげて水けをきる。ゆで卵は4等分に切る。

2 大きめの耐熱容器にバターを入れ、電子レンジでバターが溶けるまで加熱する。薄力粉を加え、泡立て器でなめらかになるまで混ぜ、Aを加えて全体が混ざるまで混ぜる。

3 2にふんわりとラップをして電子レンジで2分加熱し、一度取り出してよく混ぜる。同様にあと2回加熱する。

4 別の耐熱容器にブロッコリー、ゆで卵を並べて塩、こしょうをふる。3をかけてチーズをのせ、トースターで焼き色がつくまで加熱し、パセリを散らす。

~~~
**memo**
お好みで鶏肉のぶつ切りを加えて炒めてもボリューミーな仕上がりに。
~~~

# とうもろこし の 使い切り

米・小麦とともに世界三大穀物の1つである野菜。
甘味と粒々食感はそのまま楽しむほか、料理のアクセントにぴったり。
捨てがちな芯やひげも、炊き込みごはんやスープのだしとして活用できます。

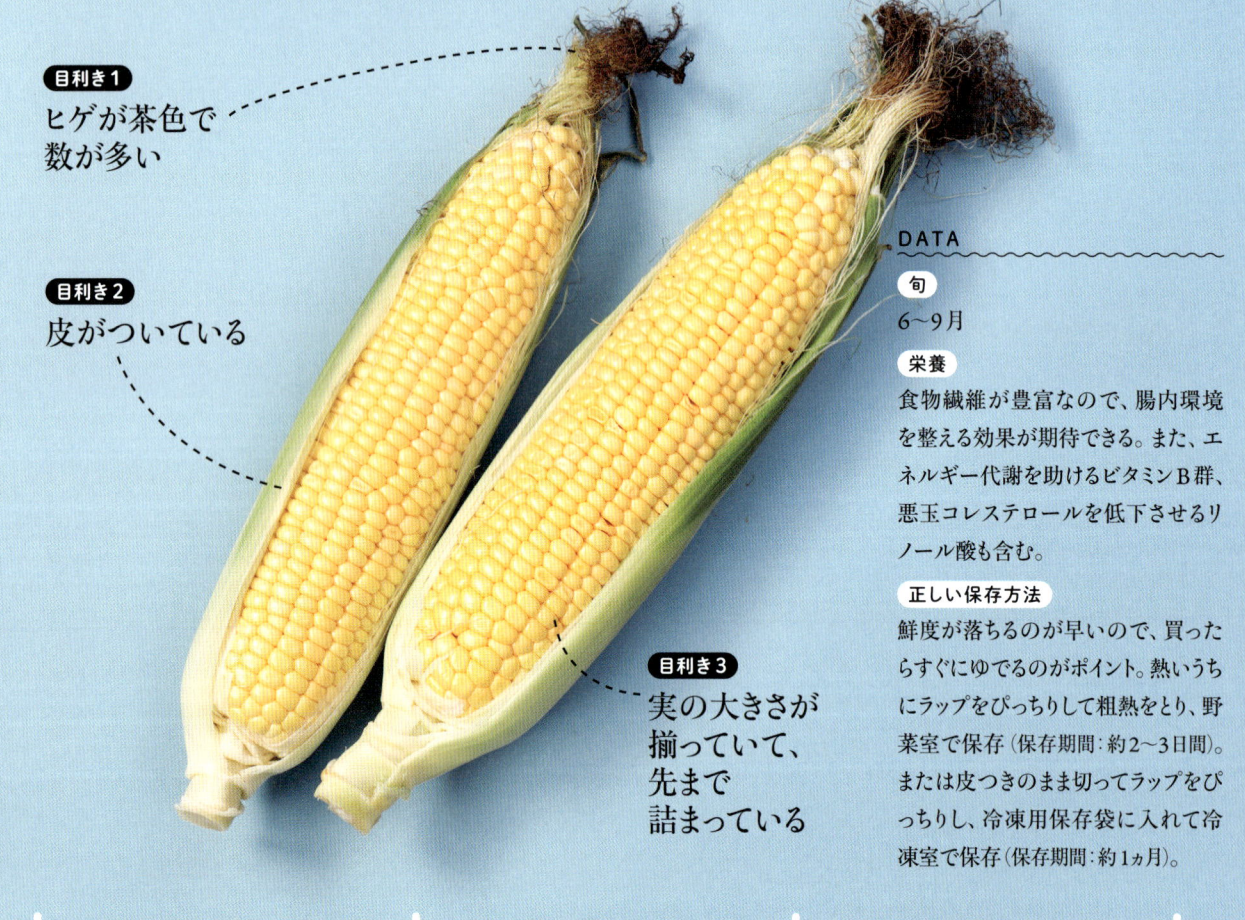

**目利き1**
ヒゲが茶色で
数が多い

**目利き2**
皮がついている

**目利き3**
実の大きさが
揃っていて、
先まで
詰まっている

## DATA

**旬**
6〜9月

**栄養**
食物繊維が豊富なので、腸内環境を整える効果が期待できる。また、エネルギー代謝を助けるビタミンB群、悪玉コレステロールを低下させるリノール酸も含む。

**正しい保存方法**
鮮度が落ちるのが早いので、買ったらすぐにゆでるのがポイント。熱いうちにラップをぴっちりして粗熱をとり、野菜室で保存（保存期間：約2〜3日間）。または皮つきのまま切ってラップをぴっちりし、冷凍用保存袋に入れて冷凍室で保存（保存期間：約1ヵ月）。

**おすすめ調理アイデア**
電子レンジ加熱やオーブン加熱、蒸し焼きなどでもおいしく仕上がるので、ご自宅にある調理器具で無理のない方法を選んで。

**よく合う味のテイスト**
塩味や辛味はとうもろこしの甘さを一層引き立ててくれるのでおすすめ。

**こんな調味料も！**
シンプルな味つけの場合は、ハーブやスパイスを合わせると深みのある味わいに。

## 作りおき

**スパイスがきいたとうもろこしに
ナッツの食感をプラス**

# とうもろこしとナッツのスパイシー炒め

### 材料（2人分）

**とうもろこし……2本（600g）**
ミックスナッツ（無塩）……60g
カレー粉……小さじ2
塩……小さじ1/3
粗びき黒こしょう……ひとつまみ
バター……40g
※とうもろこしは缶や冷凍でも可

### 作り方

**1** とうもろこしは包丁で実をこそぐ。

**2** フライパンにバター、カレー粉を中火で熱し、1、ミックスナッツを入れて1〜2分炒め、塩、こしょうで味をととのえる。

〜〜〜〜〜〜〜〜〜〜〜〜〜〜〜〜
**memo**
お好みでカレー粉の代わりに、クミンパウダーやガラムマサラなどのスパイスに替えてもいろいろな味を楽しめる。

---

**バターで焼くことで香ばしさを、
鶏肉を加えることで旨味をアップ**

# 焼きとうもろこしのポタージュ

### 材料（2人分）

**とうもろこし……正味100g**
鶏ささみ肉……1本（50g）
A｜牛乳……400mℓ
　｜塩……小さじ1/3
　｜こしょう……少々
バター……20g
イタリアンパセリ……お好みで
※とうもろこしは缶や冷凍でも可

### 作り方

**1** 鶏肉は筋を取ってぶつ切りにする。

**2** フライパンにバターを中火で熱し、1、とうもろこしを入れて鶏肉に火が通るまで炒める。

**3** ミキサーに粗熱を取った2、Aを入れてなめらかになるまで撹拌する。器に盛り、お好みでイタリアンパセリを散らす。

〜〜〜〜〜〜〜〜〜〜〜〜〜〜〜〜
**memo**
さらに生クリームを追加しても濃厚でおいしく仕上がる。

主菜

## 左ページ

**15分｜ボウル・鍋｜塩味｜冷蔵3〜4日｜冷凍1カ月**

とうもろこしの甘味とみずみずしさが
口の中でジュワッと広がる！

# とうもろこしと
# ウインナーの
# かき揚げ

### 材料（2人分）
とうもろこし……**2本**（600g）
ウインナー……4本
A｜天ぷら粉……100g
　｜粗びき黒こしょう……ふたつまみ
　｜塩……ひとつまみ
　｜水……80㎖（とろみがつくかたさに分量を調整）
揚げ油……適量
※とうもろこしは缶や冷凍でも可

### 作り方
1 とうもろこしは包丁で実をこそぐ。ウインナーは1cmの輪切りにする。
2 ボウルにAを入れてとろみが出るまで混ぜ、1を加えて混ぜる。
3 鍋に揚げ油を170℃に熱し、2をお玉ですくってゆっくりと落とし、形をととのえてカリッとするまで揚げる。

〜〜〜〜〜〜〜〜
**memo**
クッキングシートの上に生地をのせる方法で揚げてもサクッと仕上がる。

## 右ページ

**20分｜ボウル・フライパン｜オイスターソース味｜冷蔵3〜4日｜冷凍1カ月**

バターでコクを、
黒こしょうでパンチをきかせて

# たっぷりコーンの
# ペッパーライス

### 材料（2人分）
とうもろこし……**正味100g**
牛切り落とし肉……120g
A｜オイスターソース……大さじ1
　｜しょうゆ……大さじ1/2
　｜すりおろしにんにく……小さじ1
　｜塩・こしょう……各少々
ごはん……茶碗2杯分
バター……20g
サラダ油……大さじ1
小ねぎ（小口切り）……大さじ1
粗びき黒こしょう……適量
※とうもろこしは缶や冷凍でも可

### 作り方
1 ボウルに牛肉、Aを入れてもみ込み、15分ほどおく。
2 フライパンに油を中火で熱し、1を入れて肉の色が変わるまで炒める。
3 器の中央にごはんを盛り、周りに2をのせる。その上にとうもろこし、バターをのせて小ねぎを散らす。黒こしょうをふり、全体を混ぜながらいただく。

〜〜〜〜〜〜〜〜
**memo**
とうもろこしは、肉と一緒に炒めてもおいしく仕上がる。

主菜

バターしょうゆ×とうもろこしの
最強タッグをアレンジ

# とうもろこしと
# 鶏もも肉のこんがり
# バターしょうゆ

**材料**（2人分）
とうもろこし……2本（600g）
鶏もも肉……1枚（280g）
塩・こしょう……各少々
しし唐辛子……6本
A｜みりん……大さじ2
　｜しょうゆ……大さじ1
バター……20g
※とうもろこしは缶や冷凍でも可

**作り方**

1 とうもろこしは包丁で実をこそぐ。鶏肉は一口大に切り、塩、こしょうをふる。しし唐辛子はヘタを切り、実を包丁で刺して穴をあける。

2 フライパンにバターを中火で熱し、鶏肉の皮目を下にして焼き色がつくまで焼く。ひっくり返してとうもろこし、しし唐辛子、Aを加え、3〜4分炒める。

**memo**
生ではなくホールコーン缶を使う場合は、みりんを少し控えて。

とうもろこしの甘味と食感を楽しむ
シンプルなオムレツ

# ふわふわコーン入り
# オムレツ

**材料**（2人分）
とうもろこし……正味50g
卵……2個
A｜牛乳……大さじ2
　｜塩・こしょう……各少々
　｜ナツメグ（あれば）……3ふり
バター……20g
※とうもろこしは缶や冷凍でも可

**作り方**

1 ボウルに卵を割り入れて溶きほぐし、Aを加えて混ぜる。

2 フライパンにバターを中火で熱し、とうもろこしを入れて炒める。

3 全体に油が回ったら1を加え、強火で大きく混ぜながら半熟状にする。半分に折りたたんで形をととのえる。

**memo**
卵を加えたら空気を取り込むように大きく大きく混ぜるとふんわり仕上がる。

副菜

8分 ｜ ボウル・フライパン ｜ コンソメ味 ｜ 冷蔵3〜4日 ｜ 冷凍1カ月

焼いたパセリの香ばしさと
とうもろこしの組み合わせが絶品

# とうもろこしとパセリの黒こしょう炒め

## 材料（2人分）
**とうもろこし**⋯⋯**正味100g**
パセリ（フレッシュ）⋯⋯1/2袋（10g）
薄力粉⋯⋯大さじ2
A｜コンソメ（顆粒）⋯⋯小さじ1/2
　｜塩・粗びき黒こしょう⋯⋯各少々
オリーブ油⋯⋯大さじ2
※とうもろこしは缶や冷凍でも可

## 作り方
1 パセリは手で適当な大きさにちぎり、ボウルに入れ、とうもろこしを加えて薄力粉を全体にまぶす。

2 フライパンに油を中火で熱し、1を入れてパセリに焼き色がつくまで炒め、Aで味をととのえる。

**memo**
カレー粉やほかのスパイスを加えてもおいしく仕上がる。

8分 ｜ ボウル ｜ 酸味 ｜ 冷蔵3〜4日 ｜ 冷凍1カ月

自家製ドレッシングでまろやかなおいしさ
淡い3色の彩りも華やか

# コーンフレンチサラダ

## 材料（2人分）
**とうもろこし**⋯⋯**正味120g**
ロースハム⋯⋯3枚
サラダ菜⋯⋯4枚
A｜酢⋯⋯大さじ2
　｜マヨネーズ⋯⋯大さじ1
　｜塩⋯⋯ふたつまみ
　｜こしょう⋯⋯少々
オリーブ油⋯⋯大さじ2
※とうもろこしは缶や冷凍でも可

## 作り方
1 ハムは半分に切り、7㎜幅の細切りにする。サラダ菜は1cm幅の細切りにする。

2 ボウルにAを入れて混ぜ、油を少しずつ加えてなめらかになるまで混ぜる。とうもろこし、1を加えて和える。

**memo**
ソテーしたとうもろこしを入れてもおいしく仕上がる。

**主食**

芯まで丸ごと炊き上げ
みょうがの風味がクセになる

# とうもろこしの
# 和風炊き込みごはん

**材料**（2人分）
**とうもろこし……2本**（600g）
米……2合
みょうが……1本
水……400ml
A｜しょうゆ・酒……各大さじ1
　｜塩……小さじ1/2
昆布……5cm四方
※とうもろこしは缶や冷凍でも可

**作り方**

1 米は洗って30分ほど浸水し、水けをきる。とうもろこしは包丁で実をこそぐ（芯は残しておく）。みょうがは縦半分に切り、斜め薄切りにしてさっと水にさらして水けをきる。

2 炊飯器に米、水、Aを入れて一混ぜし、昆布、とうもろこし、とうもろこしの芯をのせて普通モードで炊飯する。炊き上がったら、昆布と芯を取り除き、みょうがを加えて全体を混ぜる。

**memo**
炊飯をするときにバターを一緒に加えると、さらにコクのある仕上がりに。

甘味と粉チーズの塩けがマッチ
朝食やおやつにもおすすめ

# とうもろこしと
# ホットケーキミックス
# のケークサレ

**材料**（2人分）
**とうもろこし……正味100g**
卵……1個
牛乳……150ml
A｜ホットケーキミックス粉……150g
　｜粉チーズ……大さじ3
　｜粗びき黒こしょう……少々
バター……40g
※とうもろこしは缶や冷凍でも可

**作り方**

1 バターは電子レンジで20秒ほど加熱し、溶かしておく。パウンド型にクッキングシートを敷く。オーブンは180℃に予熱する。

2 ボウルに卵を割り入れて溶きほぐし、牛乳を加えて混ぜる。なめらかになったらとうもろこし、A、バターを加えて混ぜる。

3 1のパウンド型に2を流し入れてオーブンで30〜35分加熱する。

**memo**
フライパンでホットケーキを焼くように仕上げてもOK。

135

# 青菜の使い切り

## DATA

旬
12～3月（小松菜）
11～3月（春菊）
12～2月（ほうれん草）

栄養

**小松菜**：カルシウム、鉄の含有量が野菜の中でもトップクラス。カルシウムはビタミンD、鉄はビタミンC、動物性タンパク質と一緒に摂取すると吸収率アップ。

**春菊**：青菜の中で$\beta$-カロテンが特に豊富。鉄、カルシウム、葉酸なども豊富。独特の香りには、抗菌作用や安眠を促す作用も期待される。

**ほうれん草**：野菜の中では鉄を多く含むほか、$\beta$-カロテン、カリウム、マグネシウム、葉酸なども豊富に含む。貧血や高血圧予防に。根元の赤い部分は栄養価が高いので捨てずに使う。

正しい保存方法

共通して、根元を水に5分ほどつけてから束ごとキッチンペーパーで包んでポリ袋に入れ、軽く口を閉じて野菜室で立てて保存（保存期間：約4～5日間）。または切ったものを冷凍用保存袋に入れて冷凍室で保存（保存期間：約1ヵ月）。

さっとゆでて食感を残すのも、くたくたに煮るのもおいしい青菜。
小松菜・春菊は生で食べるのもおすすめです。
オリーブ油やごま油をかけると脂溶性ビタミンの栄養吸収率アップ。

**春菊の目利き**
・葉の緑色が濃い
・茎が太すぎず、切り口がみずみずしい
・香りが強い

**小松菜の目利き**
・葉が肉厚で、内側に丸まっている
・茎が太く、ピンとしている
・根元がしっかりしている

**ほうれん草の目利き**
・葉の緑色が濃く、肉厚
・茎が適度な太さで、ピンとしている
・根元が赤く、太い

## おすすめ調理アイデア

青菜の苦味が好きな方は風味を生かすシンプルな料理がおすすめ。苦味が苦手な方はゆでて、水けをしっかり絞って使って。

## よく合う味のテイスト

和風、洋風、中華風など、どのような味つけにも合う。和風だしや中華のごまダレ、洋風ならにんにくとオリーブ油を合わせても。

## こんな調味料も！

ナンプラーなどを使用したエスニック風の料理を作る場合、パクチーを春菊や小松菜に替えてもおいしい。

作りおき

桜えびの塩けで小松菜の甘味が引き立つ
さっと炒めて食感を残して

# 小松菜と桜えびの
# さっと炒め

**材料**（2人分）
**小松菜**……1袋（200g）
桜えび……大さじ2
**A**｜コンソメ（顆粒）……小さじ1/2
　　｜塩・こしょう……各少々
オリーブ油……大さじ1

**作り方**
**1** 小松菜は4cm長さに切る。
**2** フライパンに油を中火で熱し、1、桜えびを入れて炒め、全体に油が回ったら**A**で味をととのえる。

~~~~~~~~~~
**memo**
桜えびは炒めるときに焦がすと苦くなってしまうので、焦がさないように注意して。

生の春菊のシャキシャキ食感を
シンプルに味わう

# 春菊のナムル

**材料**（2人分）
**春菊**……1袋（200g）
**A**｜ごま油……大さじ2
　　｜白いりごま……大さじ1
　　｜しょうゆ・鶏がらスープの素（顆粒）……各小さじ1

**作り方**
**1** 春菊は根元を切り落とし、3cm長さに切る。
**2** ボウルに**A**を入れて混ぜ合わせ、1を加えて和える。

~~~~~~~~~~
**memo**
お好みでちぎった焼きのりを入れても風味豊かになり、おいしく仕上がる。

# 作りおき

チーズとにんにくの濃厚仕上げ
パンにぬって食べても！

# ほうれん草のディップ

**材料**（2人分）

**ほうれん草**……1/2束（100g）

A｜ クリームチーズ……100g
　｜ すりおろしにんにく……小さじ2
　｜ レモン汁……小さじ1
　｜ 塩……小さじ1/3
　｜ こしょう……少々

スティック野菜……適量

**作り方**

1 ほうれん草は熱湯（分量外）で2分ほどゆで、水にさらして水けをきり、みじん切りにする。

2 ボウルにAを入れて混ぜ、なめらかになったら1を加えて混ぜ合わせる。器に盛り、スティック野菜を添える。

〰〰〰〰〰〰〰〰〰〰〰〰〰〰
**memo**
今回はほうれん草で作っているが、ほうれん草の代わりに春菊でアレンジしてもおいしく仕上がる。

わさびをピリッときかせた
大人味の和え物

# ほうれん草としらすのわさびじょうゆ和え

**材料**（2人分）

**ほうれん草**……1袋（200g）

しらす干し……大さじ2

A｜ しょうゆ……大さじ1
　｜ 練りわさび……小さじ1/2

**作り方**

1 ほうれん草は熱湯（分量外）で2分ほどゆで、水にさらして水けをきり、3cm長さに切る。

2 ボウルにAを入れて混ぜ、1、しらす干しを加えて和える。

〰〰〰〰〰〰〰〰〰〰〰〰〰〰
**memo**
しょうゆの代わりにポン酢しょうゆにしても酸味がプラスされておいしく仕上がる。

主菜

カリッと焼いた油揚げと
具材の組み合わせがクセになる

# 春菊と納豆の袋焼き

**材料（2人分）**
春菊……1/2袋（100g）
油揚げ……2枚
納豆……1パック
A｜しょうゆ……小さじ2
　｜練りからし……小さじ1
ごま油……大さじ1/2

**作り方**

1 春菊は根元を切り落とし、粗いみじん切りにする。油揚げは横半分に切り、袋を開く。

2 納豆は混ぜ、Aを加えてさらに混ぜる。均一に混ざったら春菊を加えて混ぜ、油揚げに均等に詰めて口を爪楊枝で留める。

3 フライパンに油を中火で熱し、2を入れて両面に焼き色がつくまで焼く。

**memo**
油揚げは表面をカリッと焼き色がつくまで焼くのがポイント。

栄養バランス満点！
トースター任せで作れるのもうれしい

# ほうれん草と
# ベーコンのココット

**材料（2人分）**
ほうれん草……1袋（200g）
ベーコンスライス……1枚
A｜オリーブ油……大さじ1/2
　｜塩……ふたつまみ
　｜こしょう……少々
卵……2個

**作り方**

1 ほうれん草は熱湯（分量外）で2分ほどゆで、水にさらして水けをきり、3cm長さに切る。ベーコンは1cm幅に切る。

2 ボウルに1、Aを入れて和える。ココット皿（または耐熱容器）に入れて中央をくぼませ、卵を1個割り入れる。同様にもう1つ作る。トースターで7〜8分焼く。

**memo**
ほうれん草は水けをしっかりときることで、味がぼんやりしない。

左側縦書き：

15分 ｜ 鍋・フライパン ｜ チーズ味 ｜ 冷蔵3〜4日 ｜ 冷凍1カ月

ココナッツミルクで風味アップ！
鮮やかな緑色のサグカレー

# ほうれん草とココナッツのチーズカレー

**材料**（2人分）
**ほうれん草**……**1袋**（200g）
玉ねぎ……1/2個
にんにく……1かけ
しょうが……1/2かけ
カレー粉……大さじ1
A｜ココナッツミルク……200g
　｜ナンプラー……小さじ2
カッテージチーズ……100g
バター……40g

**作り方**

1 ほうれん草は熱湯（分量外）で2分ほどゆで、水にさらして水けを絞り、みじん切りにする。玉ねぎ、にんにく、しょうがもみじん切りにする。

2 フライパンにバターを中火で熱し、玉ねぎ、にんにく、しょうがを入れて玉ねぎがきつね色になるまで炒める。カレー粉を加えて2〜3分炒める。

3 ほうれん草を加えてさっと炒め、Aを加えて5分ほど煮る。カッテージチーズを加え、一煮立ちさせる。

**memo**
お好みでパクチーやナッツを添えてもおいしく仕上がる。

右側縦書き：

10分 ｜ フライパン ｜ オイスターソース味 ｜ 冷蔵3〜4日 ｜ 冷凍1カ月

クセのない小松菜は
中華風の味つけにもよく合う

# 小松菜と鶏むね肉のオイスターソース炒め

**材料**（2人分）
**小松菜**……**1袋**（200g）
鶏むね肉……1枚（280g）
塩・こしょう……各少々
片栗粉……大さじ2
A｜オイスターソース・みりん……各大さじ1
　｜すりおろししょうが……小さじ1
サラダ油……大さじ1

**作り方**

1 小松菜は4cm長さに切る。

2 鶏肉は一口大のそぎ切りにし、塩、こしょうをふって片栗粉をまぶす。

3 フライパンに油を中火で熱し、2を入れて3分ほど焼く。ひっくり返して1を加え、蓋をして2分ほど蒸し焼きにする。Aを加えて1〜2分炒めながらからめる。

**memo**
今回はすりおろししょうがを使っていますが、せん切りのしょうがにしてもおいしい。

副菜

5分 │ ボウル │ ヨーグルト味 │ 冷蔵3〜4日 │ 冷凍NG

シーザードレッシングで
春菊の苦味をまろやかに

# 春菊とアボカドの
# シーザーサラダ

**材料（2人分）**

春菊……1/2袋（100g）

アボカド……1/2個

トマト……1/2個

クルトン……10g

A│ プレーンヨーグルト・パルメザンチーズ
　　……各大さじ2

　　オリーブ油……大さじ1

　　すりおろしにんにく……小さじ1

　　塩……小さじ1/3

　　こしょう……少々

**作り方**

1 春菊は4cm長さに切る。アボカド、トマトは1cm幅の薄切りにする。すべて器に盛り、クルトンを散らす。

2 ボウルにAを入れて混ぜ合わせ、1にかける。

**memo**

ゆで卵やオリーブ油をプラスしてもおいしく仕上がる。

5分 │ 鍋・ボウル │ めんつゆ味 │ 冷蔵3〜4日 │ 冷凍NG

めんつゆで味つけ簡単！
春菊がいきる滋味深い一品

# 春菊の白和え

**材料（2人分）**

春菊……1/2袋（100g）

木綿豆腐……1/2丁（150g）

A│ 白いりごま……大さじ2

　　めんつゆ（3倍濃縮）……大さじ1

**作り方**

1 春菊は根元を切り落とし、3cm長さに切る。熱湯（分量外）で1分ほどゆでて水けを絞る。木綿豆腐は水けをきる。

2 ボウルに木綿豆腐を崩し入れ、Aを加える。めん棒でなめらかになるまで混ぜ、春菊を加えて和える。

**memo**

豆腐の水けをしっかりきることで、全体に味がなじんでおいしく仕上がる。

**副菜**

緑、黄、赤の彩りがきれい
お弁当のおかずにも

# ほうれん草と
# かにかまの
# コーンマヨ和え

**材料**（2人分）

**ほうれん草**⋯⋯1袋（200g）

かに風味かまぼこ⋯⋯2本

ホールコーン缶⋯⋯大さじ3

A｜ マヨネーズ・ポン酢しょうゆ⋯⋯各大さじ1

## 作り方

1 ほうれん草は熱湯（分量外）で2分ほどゆで、水にさらして水けを絞り、4cm長さに切る。かに風味かまぼこは手で裂く。コーンは汁けをきる。

2 ボウルに1、Aを入れて和える。

**memo**

甘味のある仕上がりにしたい方はとうもろこしを多めに入れるのがおすすめ。

すぐできるほっこり和おかず
だしを吸ったがんもが美味

# 小松菜とがんもの
# さっと煮

**材料**（2人分）

**小松菜**⋯⋯1袋（200g）

がんもどき⋯⋯4個（80g）

しょうが⋯⋯1/2かけ

A｜ 水⋯⋯200㎖
　｜ みりん⋯⋯大さじ2
　｜ 白だし⋯⋯大さじ1
　｜ しょうゆ⋯⋯大さじ1/2

## 作り方

1 小松菜は5cm長さに切る。がんもどきは熱湯（分量外）をかける。しょうがはせん切りにする。

2 鍋にAとしょうがを入れて中火で沸かし、がんもどきを加え、蓋をして10分ほど煮る。小松菜を加え、一煮立ちさせる。

**memo**

がんもの代わりに厚揚げやさつま揚げにしてもおいしく仕上がる。

炒めたほうれん草の甘味が
ごはんになじむやみつき飯

# ほうれん草と
# 卵のチャーハン

**材料**（2人分）

ほうれん草……**1袋**（200g）

卵……2個

ごはん……茶碗2杯分

長ねぎ……1/4本

すりおろしにんにく……小さじ1

豚ひき肉……120g

A｜鶏がらスープの素（顆粒）……小さじ1
｜塩……ふたつまみ

しょうゆ……大さじ1/2

ごま油……大さじ1

**作り方**

1 ほうれん草は熱湯（分量外）で2分ほどゆで、水にさらして水けを絞り、粗いみじん切りにする。長ねぎはみじん切りにする。

2 フライパンに油、長ねぎ、にんにくを入れて中火で熱し、ひき肉を加えて肉に火が通るまで炒める。ほうれん草、Aを加えてさっと炒める。

3 具材を端に寄せ、あいたスペースに卵を割り入れて半熟状になるまで大きく混ぜ、ごはんを加えて全体を混ぜ合わせる。

4 フライパンのふちからしょうゆを流し入れて加え、全体が混ざるまで炒め合わせる。

〜〜〜〜〜〜〜〜〜〜
**memo**
今回はほうれん草を使っているが、小松菜や春菊でもアレンジできる。

# 主
# 食

春菊の苦味をプラスした
大人味のパスタ

# 春菊とツナの
# 和風パスタ

**材料**（2人分）

春菊……**1/2袋**（100g）

ツナ缶（水煮）……1缶（70g）

スパゲッティ……200g

しめじ……1/2袋

めんつゆ（3倍濃縮）……大さじ1

塩・こしょう……各少々

オリーブ油……大さじ1

**作り方**

1 春菊は根元を切り落とし、3cm長さに切る。しめじは石づきを取ってほぐす。

2 スパゲッティは袋の表示通りにゆでる。

3 フライパンに油を中火で熱し、しめじ、ツナ（缶汁ごと）を入れてしめじがしんなりするまで炒める。めんつゆ、春菊を加えてさっと混ぜ、2を加えて全体を混ぜ、塩、こしょうで味をととのえる。

〜〜〜〜〜〜〜〜〜〜
**memo**
ツナ缶の代わりにシーフードミックスにしてもおいしく仕上がる。

# かぶ

の
# 使い切り

根と葉でそれぞれ楽しめる野菜。根はアクが少なく、みずみずしいのでサラダでも。
焼くと甘味が引き立ちます。煮崩れしやすいので、
煮物にする場合は加熱時間に注意して。葉は青菜として使いましょう。

DATA

**旬**
3～5月
11～1月

**栄養**
根はビタミンCやカリウムが代表的。葉はβ-カロテンを多く含む緑黄色野菜。ビタミンCやカルシウムも豊富。免疫機能調整や美肌に。また、根は消化酵素を含むので、生で食べると胃もたれや胸やけの予防にも。

**目利き1**
茎はまっすぐで
ピンとしている

**目利き2**
丸くて白く、
茶色に
変色していない

**目利き3**
ハリツヤがある

**正しい保存方法**
葉と根を切り分け、根は1個ずつキッチンペーパーで包んでポリ袋に入れ、軽く口を閉じて野菜室で保存（保存期間：約3～4週間）。葉はすぐに使うか、濡れたキッチンペーパーで包み、ポリ袋に入れて野菜室で保存（保存期間：約2～3日間）。または切ったものを冷凍用保存袋に入れて冷凍室で保存（保存期間：約1ヵ月）。

**おすすめ調理アイデア**
鮮度のよいものは、生でサラダ風に使うのがおすすめ。筋が強いものは、繊維を断ち切るように切るとおいしく食べられる。

**よく合う味のテイスト**
味が強くなりすぎない仕上がりにすると、かぶのほどよい甘さが口の中に広がってさらにおいしく味わえる。

**こんな調味料も！**
大根おろしのように、かぶをすりおろして調味料のように使うのもおすすめ。ほんのり甘くておいしく食べられる。

作りおき

葉と一緒に炒めて！
ゆずこしょうでさわやかに

# かぶの
# ゆずこしょう炒め

**材料**（2人分）
**かぶ**……**2個**（160g）
かぶの葉……80g
A｜ゆずこしょう・みりん……各小さじ2
サラダ油……大さじ1/2

**作り方**

1 かぶは1cm幅の拍子木切りにする。かぶの葉は2cm
幅に切る。

2 フライパンに油を中火で熱し、1を入れて炒め、全体
に油が回ったらAを加えて1〜2分炒めながらからめ
る。

**memo**
ゆずこしょうはメーカーによって辛さや塩味も異なるので、味
を見ながら調整して。

ハムとレモンで彩りかわいく！
甘酸っぱくさっぱりした仕上がりに

# かぶとハムの
# レモンマリネ

**材料**（2人分）
**かぶ**……**2個**（160g）
ロースハム……2枚
国産レモンの輪切り……2枚
A｜オリーブ油……大さじ1
　｜酢……大さじ1/2
　｜砂糖……小さじ1/2
　｜塩……ふたつまみ
　｜こしょう……少々

**作り方**

1 かぶは2〜3mm幅のいちょう切りにする。ロースハム
は半分に切り、縦5mm幅の細切りにする。レモンはい
ちょう切りにする。

2 ボウルにAを入れて混ぜ合わせ、1を加えて和える。

**memo**
レモンがない場合は、レモン汁小さじ1を加えてもおいしく
仕上がる。

主菜

**ひき肉の旨味がかぶとマッチ！**
**箸が止まらないおいしさ**

# かぶのそぼろ煮込み

### 材料（2人分）

かぶ……2個（160g）

かぶの葉……80g

豚ひき肉……120g

しょうが……1かけ

A │ 水……100mℓ
　│ みりん……大さじ2
　│ しょうゆ・白だし……各大さじ1

水溶き片栗粉……水小さじ2＋片栗粉小さじ1

ごま油……大さじ1

### 作り方

1　かぶは8等分のくし形切りにする。かぶの葉はざく切りにする。しょうがはせん切りにする。

2　フライパンに油を中火で熱し、ひき肉、しょうがを入れて肉の色が変わるまで炒め、かぶ、かぶの葉を加えて炒める。

3　全体に油が回ったらAを加え、2〜3分加熱してかぶがやわらかくなったら水溶き片栗粉を加え、とろみをつける。

**memo**

かぶは崩れるほどやわらかくなる前に仕上げるのがコツ。

**コクと旨味たっぷり！**
**ナンプラーの味わいがクセになる**

# かぶと鶏もも肉の
# アジアン炒め

### 材料（2人分）

かぶ……2個（160g）

鶏もも肉……1枚（280g）

しょうが……1/2かけ

A │ ナンプラー・オイスターソース・みりん……各大さじ1

サラダ油……大さじ1

パクチー……お好みで

### 作り方

1　かぶは7mm幅のいちょう切りにする。鶏肉は一口大に切り、しょうがはせん切りにする。

2　フライパンに油、しょうがを中火で熱し、鶏肉の皮目を下にして入れ、焼き色がつくまで焼く。ひっくり返してかぶを加え、蓋をして3〜4分焼く。

3　Aを加え、全体に照りが出るまで炒めながらからめる。器に盛り、お好みでパクチーをのせる。

**memo**

お好みで仕上げにレモン汁適量をかけてもさっぱりと食べられる。

白身魚はお好みの種類で
すりおろしたかぶでさっぱりと

# 白身魚のかぶら蒸し

**材料**（2人分）

**かぶ……1個**（80g）

白身魚……2切れ
片栗粉……小さじ1
酒……小さじ2
水……50㎖

A｜だし汁……150㎖
　｜しょうゆ・みりん
　｜　……各小さじ2
水溶き片栗粉……大さじ1
三つ葉（ざく切り）……適量

**作り方**

1 かぶはすりおろし、軽く水けをきってボウルに入れ、片栗粉を混ぜる。

2 15cm長さのクッキングシートに白身魚を1切れのせて酒を半量かけ、1を半量のせてキャンディー状に包む。同様にもう1個作る。

3 フライパンに2をのせ、水を加えて蓋をし、10分ほど蒸し焼きにして三つ葉をのせる。

4 鍋にAを入れて煮立たせ、水溶き片栗粉でとろみをつけて3にかける。

~~~
memo
~~~
白身魚はたらや鯛、すずきなど、ほかには鮭でもおいしく仕上がる。

---

**主菜**

クリーミーで濃厚なごま豆乳が
かぶと鶏肉によくからむ！

# かぶと鶏団子の
# ごま豆乳クリーム

**材料**（2人分）

**かぶ……2個**（160g）

かぶの葉……80g
鶏ひき肉……160g
塩……ふたつまみ
長ねぎ……1/2本

A｜酒・片栗粉……各大さじ1
　｜すりおろししょうが……小さじ1/2

B｜無調製豆乳……150㎖
　｜白すりごま……大さじ1
　｜鶏がらスープの素（顆粒）……小さじ1/2

ごま油……大さじ1

**作り方**

1 かぶは8等分のくし形切りにする。かぶの葉はざく切りにする。長ねぎはみじん切りにする。

2 ボウルにひき肉、塩を入れて粘り気が出るまで混ぜる。A、長ねぎを加え、なめらかになるまでこねて一口大の団子状に成形する。

3 フライパンに油を中火で熱し、かぶを入れて表面に焼き色がつくまでさっと焼いて取り出す。

4 3のフライパンに2を入れ、転がしながら4〜5分炒める。3のかぶ、かぶの葉を加えて混ぜ、Bを加えてとろみがつくまで混ぜながら加熱する。

~~~
memo
~~~
豆乳を加えたあとに加熱をしすぎると分離してしまうので、さっと加熱して仕上げるのがコツ。

**副菜**

### ゆで卵で彩りよく！
### かぶと葉の歯応えがたまらない

# かぶのミモザサラダ

**材料**（2人分）

**かぶ……2個**（160g）

かぶの葉……80g

水……大さじ1

ゆで卵……2個

A｜マヨネーズ……大さじ2
｜オリーブ油……大さじ1
｜レモン汁……小さじ2
｜コンソメ（顆粒）……小さじ1/2
｜塩……ひとつまみ
｜こしょう……少々

**作り方**

1 かぶは7〜8mm幅の拍子木切りにする。耐熱容器に
かぶの葉、水を入れ、ふんわりとラップをして電子レ
ンジで2分加熱する。水けを絞って粗みじん切りにす
る。ゆで卵は8等分のぶつ切りにする。

2 ボウルにAを入れて混ぜ、かぶ、ゆで卵を加えてざ
っくりと和える。かぶの葉を加え、一混ぜする。

**memo**

かぶの葉は加熱したあとにしっかり水けを絞ることで味がな
じみやすくなる。

### とろっとした口当たり
### プリッとした鶏肉がおいしい

# かぶのすりながし汁

**材料**（2人分）

**かぶ……2個**（160g）

かぶの葉……30g

鶏ささみ肉……2本（100g）

片栗粉……小さじ1

A｜水……300mℓ
｜白だし……大さじ1
｜しょうゆ・みりん……各小さじ1
｜塩……ふたつまみ

**作り方**

1 かぶはすりおろす。かぶの葉は粗く刻む。鶏肉はそぎ
切りにして片栗粉をまぶす。

2 鍋にAを入れて中火で沸かし、弱火にして鶏肉を加
え、2〜3分ほど煮る。かぶ、かぶの葉を加えて1分ほ
ど煮る。

**memo**

鶏ささみ肉は弱火で加熱することでふっくらと仕上がる。

素朴なかぶと塩味のあるザーサイがマッチ！
ラー油はお好みでかけてピリ辛に

# かぶとザーサイの
# おかゆ

**材料**（2人分）
**かぶ**……**2個**（160g）
かぶの葉……80g
ザーサイ……60g
ごはん……茶碗1杯分
水……大さじ1
A｜水……400㎖
　｜塩……小さじ1/2
ラー油……お好みで

## 作り方

1 かぶはくし形切りにする。耐熱容器にかぶの葉、水を入れ、ふんわりとラップをして電子レンジで2分加熱する。水けを絞って粗みじん切りにする。ザーサイは食べやすい大きさに切り、かぶの葉と混ぜ合わせる。

2 耐熱容器にかぶ、ごはん、Aを入れ、ふんわりとラップをして電子レンジで10分加熱する。

3 器に盛り、かぶの葉とザーサイをのせてお好みでラー油をかける。

**memo**
かぶは皮を厚めに剥くと、おかゆと一体感が出ておいしく食べられる。

**主食**

しらすの旨味とホクホクなかぶが美味！
仕上げの追いオリーブ油で風味豊かに

# かぶとしらすの
# パスタ

**材料**（2人分）
**かぶ**……**2個**（160g）
かぶの葉……40g
しらす干し……60g
スパゲッティ……200g
すりおろしにんにく……小さじ1
A｜コンソメ（顆粒）……小さじ1/2
　｜塩……ふたつまみ
　｜こしょう……少々
オリーブ油……大さじ1＋大さじ1

## 作り方

1 かぶは1cm幅の半月切りにする。かぶの葉は2cm幅に切る。

2 スパゲッティは袋の表示時間通りにゆでる。

3 フライパンに油大さじ1を中火で熱し、しらす干し、にんにくを入れて1分ほど炒め、1、Aを加えて全体が混ざるまで炒める。2を加えて混ぜ合わせ、油大さじ1を回しかける。

**memo**
お好みで赤唐辛子を入れてピリッとさせてもおいしく仕上がる。

# さつまいも の 使い切り

ホクホク食感のものからねっとり食感のものまで、さまざまな品種がある。
じっくり加熱すると甘味が強くなります。
たくさんある場合は、ゆでてつぶして冷凍したり、干しいもにするのもおすすめです。

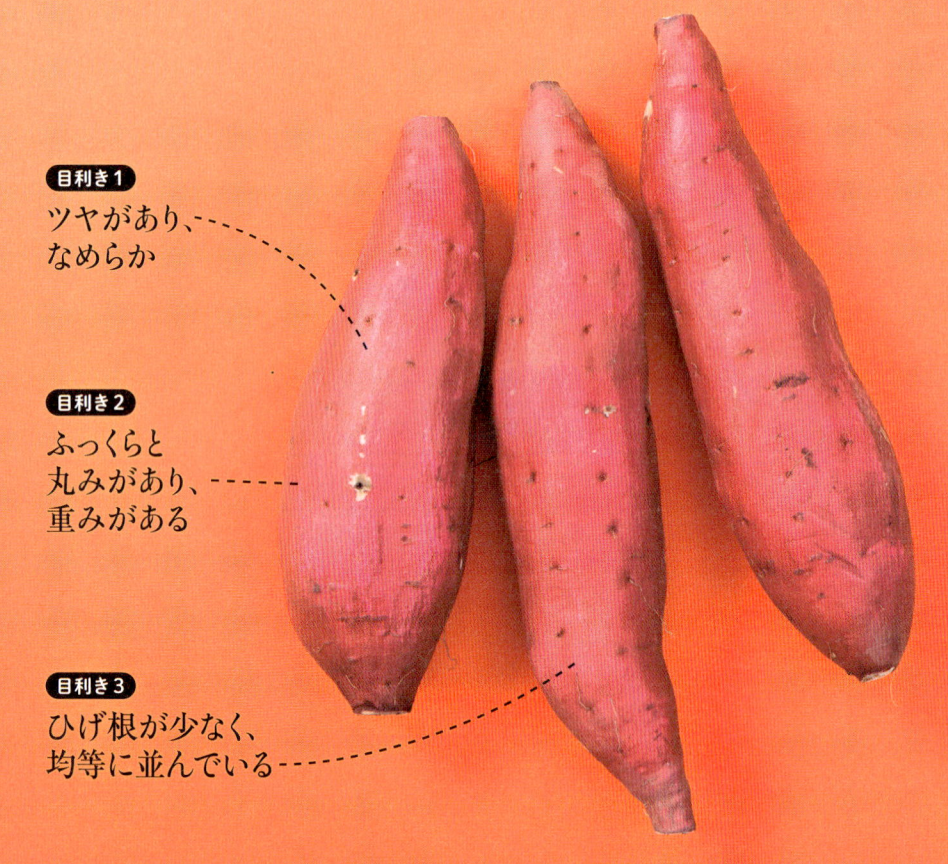

**目利き1**
ツヤがあり、
なめらか

**目利き2**
ふっくらと
丸みがあり、
重みがある

**目利き3**
ひげ根が少なく、
均等に並んでいる

## DATA

**旬**
9〜11月（収穫時期）
11月〜1月（食べ頃）

**栄養**
食物繊維を多く含み、腹持ちがよく、甘味もあるのでダイエットにも向いている。コラーゲンの生成に欠かせないビタミンCが多いのも特徴。皮にはポリフェノールも。

**正しい保存方法**
1本ずつ新聞紙に包んで冷暗所で保存（保存期間：約3〜4週間）。または新聞紙に包んでポリ袋に入れ、軽く口を閉じて野菜室で保存（保存期間：約1ヵ月）。切ったものは、ラップをぴっちりして保存袋に入れて野菜室で保存（保存期間：約3〜4日間）。または切ったものを冷凍用保存袋に入れて冷凍室で保存（保存期間：約1ヵ月）。

## おすすめ調理アイデア
ホクホクした品種はマッシュにしたり、サラダにするのがおすすめ。水分が多めの品種は炒め物に使うと味がぼんやりしない。

## よく合う味のテイスト
酸味のあるドレッシングやヨーグルトなどを合わせると、料理のレパートリーの幅がさらに広がる。

## こんな調味料も！
はちみつや砂糖など、甘さをさらに引き立てる組み合わせがおすすめ。またはしょうゆなどの塩味で甘じょっぱく仕上げるのもよい。

作りおき

**左レシピ情報（縦書き）**
15分｜電子レンジ・ボウル｜マヨネーズ味｜冷蔵3〜4日｜冷凍1カ月

**右レシピ情報（縦書き）**
30分｜鍋｜甘味｜冷蔵3〜4日｜冷凍1カ月

---

さつまいもはサイコロ形で食べやすい！
ナッツの歯応えもいいアクセントに

# さつまいもと
# ナッツのサラダ

**材料**（2人分）
**さつまいも**……**大1本**（300g）
ミックスナッツ（無塩）……40g
レモン汁……大さじ1
A｜マヨネーズ……大さじ2
　｜オリーブ油……大さじ1
　｜塩……ひとつまみ
　｜こしょう……少々

**作り方**

1　さつまいもは1.5cm角に切り、水に2〜3分さらして水けをきる。ミックスナッツは粗く刻む。

2　耐熱容器にさつまいもと、レモン汁を入れて混ぜる。ふんわりとラップをして電子レンジで5〜6分加熱する。

3　ボウルにAを入れて混ぜ、2を加えて和える。器に盛り、ミックスナッツを散らす。

*memo*
さつまいもは粗く潰してマッシュしてもおいしく食べられる。

---

さつまいもの甘味に
さわやかな酸味をしみ込ませて

# さつまいも
# オレンジ煮

**材料**（2人分）
**さつまいも**……**大1本**（300g）
オレンジ……1個
A｜水……150mℓ
　｜砂糖……50g
　｜レモン汁……小さじ1
シナモンパウダー……適量

**作り方**

1　さつまいもは1.5cm幅の輪切りにして水に2〜3分さらす。オレンジは皮を剥き、7mm幅の半月切りにする。

2　鍋に1、Aを入れて中火にかける。蓋をして弱〜中火で20分ほど煮る。器に盛り、シナモンをふる。

*memo*
煮込むときに火力が強いと、さつまいもが煮崩れてしまうので弱火で煮込むのがポイント。

主菜

ケチャップと酢の酸味で食欲アップ！
しっとりした鶏肉に味がよくからむ

# さつまいもと
# 鶏もも肉の甘酢炒め

**材料（2人分）**

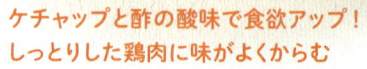

さつまいも……大1本（300g）

鶏もも肉……1枚（280g）

塩・こしょう……各少々

片栗粉……大さじ2

A｜トマトケチャップ……大さじ2
　｜酢……大さじ1
　｜すりおろしにんにく・砂糖・しょうゆ……各小さじ1

サラダ油……大さじ1

白いりごま……小さじ1

**作り方**

1 さつまいもは7mm幅の半月切り（またはいちょう切り）にし、水に2〜3分さらして水けをきる。

2 鶏肉は一口大に切り、塩、こしょうをふって片栗粉を全体にまぶす。

3 フライパンに油を中火で熱し、鶏肉の皮目を下にして4〜5分焼く。焼き色がついたらひっくり返し、1を加えて蓋をし、3分ほど蒸し焼きにする。

4 さつまいもに火が通ったら、Aを加えて全体にとろみがつくまで炒めながらからめる。器に盛り、白いりごまをふる。

**memo**
さつまいもは乱切りにして揚げ焼きにしても濃厚な味わいに。

中まで味がしみしみ！
さつま揚げもジュワ〜ッとおいしい

# さつまいもと
# さつま揚げの煮物

**材料（2人分）**

さつまいも……大1本（300g）

さつま揚げ……2枚（80g）

A｜水……400ml
　｜みりん・白だし……各大さじ2
　｜しょうゆ……大さじ1

**作り方**

1 さつまいもは2cm幅の半月切りにし、水に2〜3分さらして水けをきる。さつま揚げに熱湯（分量外）をかけ、半分に切る。

2 鍋にAを入れて中火で熱し、1を加えて蓋をし、15分ほど煮込む。

**memo**
煮込む時間があるときはさつまいもをもっと厚く切り、じっくり煮込むのもおすすめ。

**チーズと青じその黄金コンビ！**
**サクサクの春巻きと甘いさつまいもがマッチ**

# さつまいもとチーズの青じそ春巻き

### 材料（2人分）
**さつまいも……大1/2本（150g）**
ピザ用チーズ……90g
塩・粗びき黒こしょう……各少々
青じそ……6枚
春巻きの皮……6枚
サラダ油……適量

### 作り方

1　さつまいもはせん切りにして水に2〜3分さらし、水けをきる。塩、黒こしょうをふる。青じそは軸を切る。

2　耐熱皿にさつまいもを並べ、ふんわりとラップをして電子レンジで3分加熱し、粗熱を取る。

3　春巻きの皮の角を手前におき、6等分にした青じそ、さつまいも、チーズを順にのせて手前1/3を包む。左右を内側に折り込んで最後まで包み、水でぬらして閉じる。同様にあと5個作る。

4　油をハケでまんべんなくぬり、トースターで焼き色がつくまで5〜6分焼く。ひっくり返して、さらに2〜3分焼く。

**memo**
今回はピザ用チーズを使っているが、スライスチーズやプロセスチーズでもOK。

---

**主菜**

**ホクホクのさつまいもと**
**しっかり味のついた牛肉を一緒にどうぞ！**

# さつまいもと牛肉のピリ辛炒め

### 材料（2人分）
**さつまいも……大1本（300g）**
牛切り落とし肉……120g
水……大さじ1
さやいんげん……3本
A｜酒……大さじ2
　｜みりん……大さじ1
　｜しょうゆ……大さじ1/2
　｜豆板醤……小さじ2
　｜すりおろしにんにく……小さじ1
ごま油……大さじ1

### 作り方

1　さつまいもは乱切りにし、さっと水にさらす。耐熱容器に入れて水を加え、ふんわりとラップをして電子レンジで6〜7分加熱し、粗熱を取る。

2　さやいんげんはヘタを切り落として半分に切り、ふんわりとラップをして電子レンジで1分加熱し、粗熱を取る。

3　フライパンに油を中火で熱し、牛肉を入れて肉の色が変わるまで炒め、Aを加えて1〜2分炒めながらからめる。

4　1を加えて全体を混ぜ合わせ、火を止めてさやいんげんを加える。

**memo**
白すりごまや白いりごまを加えてもおいしく仕上がる。

**副菜**

**10分** ｜ 電子レンジ・ボウル ｜ ヨーグルト味 ｜ 冷蔵3〜4日 ｜ 冷凍1カ月

**10分** ｜ フライパン ｜ マスタード味 ｜ 冷蔵3〜4日 ｜ 冷凍1カ月

---

シャキッ！ ホクッ！
食感の違いを楽しむデリ風サラダ

# さつまいもと りんごのサラダ

**材料**（2人分）

**さつまいも**……大1本（300g）

水……大さじ1

りんご……1/4個

セロリ……1/2本

A｜ プレーンヨーグルト……大さじ2
　｜ はちみつ・オリーブ油……各大さじ1
　｜ レモン汁……小さじ1
　｜ 塩……ひとつまみ
　｜ こしょう……少々

**作り方**

**1** さつまいもは2cm角に切り、さっと水にさらして水けを拭き取る。耐熱容器に入れて水を加え、ふんわりとラップをして電子レンジで5〜6分加熱する。熱いうちにめん棒で粗く潰す。

**2** りんごはくし形切りにして薄切りにする。セロリは筋を取り、繊維を断ち切るように薄切りにする。

**3** ボウルにAを入れて混ぜ合わせ、1と2を加えて和える。

～～～～～
**memo**
くるみやナッツを加えて、さらにグレードアップさせてもおいしい。

---

甘味×甘味のコラボレーション！
タレによくからめて召し上がれ

# さつまいもの ハニーマスタード 炒め

**材料**（2人分）

**さつまいも**……大1本（300g）

A｜ 粒マスタード・はちみつ……各大さじ2

オリーブ油……大さじ1

**作り方**

**1** さつまいもは1cm幅の半月切りにし、さっと水にさらして水けを拭き取る。

**2** フライパンに油を中火で熱し、1を入れて炒める。全体に油が回ったら蓋をし、ときどき混ぜながら火が通るまで焼く。

**3** Aを加え、1〜2分全体を炒めながらからめる。

～～～～～
**memo**
ミックスハーブと合わせてサラダ風にするのもおすすめ。

ほんのりにんにくが香る
甘味と塩味のハーモニー！

# さつまいもと
# ベーコンの
# 洋風炊き込み

**材料**（2人分）
**さつまいも**……**大 1/2本**（150g）
ベーコンスライス……1枚
米……2合
A｜水……400mℓ
　｜すりおろしにんにく・コンソメ（顆粒）……各小さじ1
　｜塩……小さじ1/2
　｜こしょう……少々

**作り方**

1 さつまいもは1.5cm角に切り、さっと水にさらして水け
を拭き取る。ベーコンは1cm幅に切る。

2 米は洗って水に30分ほどつけて水けをきる。炊飯器
に入れてAを加え、一混ぜする。

3 1をのせて普通モードで炊飯する。

~~~~~~~~~~
**memo**
具材をのせる前に調味液を入れて全体をしっかりと混ぜて溶
かすのがポイント。

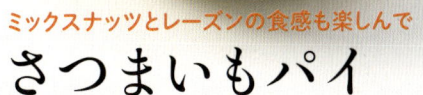

**主食**

ミックスナッツとレーズンの食感も楽しんで
# さつまいもパイ

**材料**（2人分）
**さつまいも**……**大 1/2本**（150g）
冷凍パイシート……2枚
ミックスナッツ（無塩）……20g
A｜レーズン……20g
　｜はちみつ……大さじ1
　｜塩……少々
卵黄……1個分

**作り方**

1 パイシートは半解凍する。さつまいもは皮を剥き、1cm
幅に切ってさっと水にさらす。ミックスナッツは粗く刻
む。オーブンは200℃に予熱しておく。

2 耐熱皿にさつまいもを並べ、ふんわりとラップをして
電子レンジで4分加熱し、めん棒で潰す。A、ミック
スナッツを加えて混ぜ、4等分にする。

3 パイシートはめん棒で1.5倍ほどの大きさに伸ばし、
フォークで全体に穴をあける。それぞれ4等分に切り、
冷蔵庫で5分ほど冷やす。パイシート1切れの中央
に2の1/4量をのせ、ふちに卵黄をぬる。

4 パイシート1切れを上から重ねてふちを閉じるように
フォークでおさえ、表面に切り込みを3本入れる。同
様にあと3個作る。

5 ハケで卵黄を全体にぬり、予熱したオーブンで15分
焼く。

~~~~~~~~~~
**memo**
水分量の少ないさつまいもを使う場合は、牛乳などを加えて
なめらかにするのがおすすめ。

# ごぼう の 使い切り

独特な旨味や香りは皮に含まれているため、剥かずに表面をこそげ取るくらいがよい。和の印象が強い野菜ですが、スパイスや洋風調味料との相性もよいので、さまざまな味つけで楽しんで使い切りましょう。大きめに切ると食べ応えも抜群。

**目利き1**
洗いごぼうより
泥つきのものを

**目利き2**
太すぎず、
太さが均一

**目利き3**
切り口に「す」が
入っていない

**DATA**

**旬**
11〜1月

**栄養**
不溶性食物繊維・リグニンと水溶性食物繊維・イヌリンを含み、便秘の改善やコレステロールの吸収をおさえる効果が期待できる。皮には抗酸化作用のあるポリフェノールも。

**正しい保存方法**
洗いごぼうの場合は、野菜室に入る長さに切り、ラップで包むかポリ袋に入れ、軽く口を閉じて野菜室で立てて保存（保存期間：約1週間）。泥つきの場合は、そのまま新聞紙で包んで冷暗所で立てて保存（保存期間：約3〜4週間）。または野菜室に入る長さに切り、新聞紙で包んでポリ袋に入れ、軽く口を閉じて野菜室で立てて保存（保存期間：約1週間）。または切ったものを冷凍用保存袋に入れて冷凍室で保存（保存期間：約1ヵ月）。

## おすすめ調理アイデア
ごぼうの土臭さを生かすのであれば、表面の皮は薄くそぐと香りが楽しめる。土臭さが苦手な方は皮をしっかりそぐと食べやすくなる。

## よく合う味のテイスト
ごぼうは香りがしっかりあるので、あえて甘味や辛味の強いしっかりめの味つけを合わせるのがおすすめ。

## こんな調味料も！
ザーサイや赤しそふりかけなどのごはんのお供を調味料として使うのも、よく合っておいしく食べられる。

作りおき

## 左

明太マヨで濃厚に！
細切りでたっぷりからむ

# ごぼうの
# 明太マヨサラダ

**材料**（2人分）
**ごぼう**……**1本**（240g）
マヨネーズ……大さじ3
辛子明太子……50g
A｜水……500mℓ
　｜酢……大さじ1/2
小ねぎ（小口切り）……小さじ2

**作り方**

**1** ごぼうは5cm幅の細切りにし、Aに5分ほどさらして水けをきる。

**2** 鍋に湯を中火で沸かし、1を入れて1分ほどゆで、水けをきる。

**3** 辛子明太子は薄皮を取り除き、ボウルに入れてマヨネーズを加え、和えて2を加え、さらに和える。

**memo**
せん切りしたきゅうりを入れても、シャキシャキ食感を楽しめる。食べるときに小口切りにした小ねぎを散らしても。

## 右

コクのある酸味がたまらない
おかずとしても、つまみでも！

# ごぼうとベーコンの
# バルサミコ炒め

**材料**（2人分）
**ごぼう**……**1本**（240g）
ベーコンスライス……1枚
A｜水……500mℓ
　｜酢……大さじ1/2
B｜みりん……大さじ2
　｜バルサミコ酢……大さじ1
　｜すりおろしにんにく・砂糖・しょうゆ……各小さじ1
オリーブ油……大さじ1

**作り方**

**1** ごぼうは一口大の乱切りにし、Aに3分ほどさらして水けをきる。ベーコンは1cm幅に切る。

**2** フライパンに油を中火で熱し、1を入れて2～3分炒める。

**3** Bを加え、汁けがなくなるまで炒めながらからめる。

**memo**
合わせ調味料のとろみがついて具材にしっかりからむまで、しっかりと炒めるのがポイント。

主菜

豚キムチにごぼうをイン！
ピリッとした辛味と旨味たっぷり

# ごぼうと豚肉の
# キムチ炒め

**材料**（2人分）
ごぼう⋯⋯**1本**（240g）
豚こま切れ肉⋯⋯120g
キムチ⋯⋯100g
A｜水⋯⋯500mℓ
　｜酢⋯⋯大さじ1/2
B｜みりん⋯⋯大さじ1
　｜しょうゆ・鶏がらスープの素（顆粒）⋯⋯各小さじ1
ごま油⋯⋯大さじ1

**作り方**

1 ごぼうはささがきにし、Aにさっとさらして水けをきる。

2 フライパンに油を中火で熱し、豚肉を入れて肉の色が変わるまで炒め、1を加えてさらに炒める。

3 全体に油が回ったらキムチを加えて炒め、Bを加えて1〜2分全体を炒めながらからめる。

**memo**
キムチはお好みの辛さに合わせて分量を調整して。

梅でさっぱり食べられる！
やわらかく煮込んだ鶏手羽が美味

# ごぼうと鶏手羽先の
# 梅煮込み

**材料**（2人分）
ごぼう⋯⋯**1本**（240g）
鶏手羽先⋯⋯4本（240g）
A｜水⋯⋯500mℓ
　｜酢⋯⋯大さじ1/2
しょうが⋯⋯1/5かけ
B｜梅干し⋯⋯2個
　｜水⋯⋯200mℓ
　｜めんつゆ（3倍濃縮）⋯⋯100mℓ
サラダ油⋯⋯大さじ1
絹さや（筋を取り除いてゆでるか、電子レンジで1分加熱する）⋯⋯3〜4枚分

**作り方**

1 ごぼうは斜め薄切りにし、Aに3分ほどさらして水けをきる。しょうがは薄切りにする。

2 フライパンに油を中火で熱し、鶏手羽先の皮目を下にして3分ほど焼く。ごぼうを加え、全体に油が回るように炒める。

3 B、しょうがを加え、ときどき混ぜながら15分ほど煮る。器に盛り、絹さやを添える。

**memo**
絹さやの代わりに青ねぎや青じそを使ってもおいしく食べられる。

10分 ｜ フライパン ｜ カレー味 ｜ 冷蔵3〜4日 ｜ 冷凍1ヵ月

15分 ｜ フライパン ｜ みそ味 ｜ 冷蔵3〜4日 ｜ 冷凍1ヵ月

主菜

スパイシーなカレー味で
ごはんが進む！

# ごぼうと牛肉の カレー炒め

**材料**（2人分）
**ごぼう**……**1本**（240g）
牛こま切れ肉……100g
**A** ｜ 水……500ml
　　｜ 酢……大さじ1/2
しょうが……1かけ
**B** ｜ オイスターソース……大さじ2
　　｜ 酒・カレー粉……各大さじ1
　　｜ すりおろしにんにく……小さじ1
サラダ油……大さじ1

**作り方**

**1** ごぼうは乱切りにし、Aに3分ほどさらして水けをきる。しょうがはせん切りにする。

**2** フライパンに油、しょうがを中火で熱し、牛肉を入れて肉の色が変わるまで炒める。ごぼうを加えて2分ほど炒める。

**3** Bを加え、全体に調味料がなじむまで炒めながらからめる。

〜〜〜〜〜〜〜〜〜〜
memo
ごぼうはしっかり炒めることで臭みを取り除くことができる。

ごまとみそがよくからんだ
ジューシーな鶏肉がごぼうと合う！

# 甘旨鶏ごぼう

**材料**（2人分）
**ごぼう**……**1本**（240g）
鶏もも肉……1枚（280g）
片栗粉……大さじ3
**A** ｜ みそ・酒・みりん……各大さじ2
　　｜ 砂糖……大さじ1
白いりごま……大さじ1/2
ごま油……大さじ1

**作り方**

**1** ごぼうは縦半分に切って斜め薄切りにし、さっと水にさらして水けをきる。鶏肉は一口大に切る。ごぼうと鶏肉に片栗粉をまぶす。Aは混ぜ合わせておく。

**2** フライパンに油を中火で熱し、鶏肉の皮目を下にして焼き色がつくまで焼く。ひっくり返してごぼうを加え、蓋をしてときどき混ぜながら火が通るまで加熱する。

**3** Aを加えて1〜2分炒めながらからめ、白いりごまをふる。

〜〜〜〜〜〜〜〜〜〜
memo
ごぼうは片栗粉をつけたら余分な粉をしっかりとはたくことで、ごぼう同士がくっつかない。

**副菜**

ごぼうの風味に甘さが合う！
おやつにもどうぞ

# ごぼうの
# かりんとう風

**材料（2人分）**

**ごぼう……1本（240g）**

A ｜ 水……500mℓ
　｜ 酢……大さじ1/2

片栗粉……大さじ2

B ｜ 砂糖……大さじ4
　｜ 水……大さじ1

めんつゆ（3倍濃縮）……小さじ1

揚げ油……適量

**作り方**

1 ごぼうは3cm長さに切り、縦半分に切る。Aに5分ほどつけて水けをきり、片栗粉をまぶす。

2 フライパンに多めの油を中火で熱し、1を入れて1〜2分揚げ焼きにし、一度取り出す。

3 フライパンの油を拭き取ってBを加え、中火にかける。砂糖が溶けてとろみがつくまで加熱する。

4 めんつゆを加え、一混ぜしたら火を止める。2を加え、粗熱が取れてパラパラになるまで混ぜる。

**memo**
砂糖はしっかりと煮詰める。からめたあとは冷めてかたまるまでしっかりと混ぜて、表面をカリッとさせるのがポイント。

基本のきんぴらに
ピリッと辛味を加えて

# 七味風味の
# ごぼうきんぴら

**材料（2人分）**

**ごぼう……1本（240g）**

油揚げ……1枚

A ｜ みりん……大さじ2
　｜ しょうゆ・酒・白だし……各大さじ1
　｜ 七味唐辛子……小さじ1/2

ごま油……大さじ1

**作り方**

1 ごぼうは斜め薄切りにし、細切りにする。さっと水にさらして水けをきる。油揚げは熱湯（分量外）を回しかけて縦半分に切り、7mm幅の細切りにする。

2 鍋に油を中火で熱し、1を入れて炒める。全体に油が回ったらAを加え、汁けがなくなるまで炒め煮にする。

**memo**
煮汁は中火でしっかりと炒めることで、具材の中まで味がしみ込む。

ごぼうを加えることで
深みのあるおいしさが口に広がる

# ごぼう入り
# ルーローハン

**材料**（2人分）

ごぼう……1本（240g）

豚バラブロック肉
……160g

**A** ｜ 水……500㎖
｜ 酢……大さじ1/2

チンゲン菜……1株

**B** ｜ しょうが・にんにく
｜ ……各1/2かけ

**C** ｜ 水……400㎖
｜ 八角……1個
｜ オイスターソース……大さじ3
｜ 砂糖・酒……各大さじ1
｜ しょうゆ……大さじ1/2

ゆで卵……2個

ごはん……茶碗2杯分

ごま油……大さじ1

**作り方**

1 ごぼうは1cm角に切り、さっとAにさらして水けをきる。豚肉は1cm角に切る。チンゲン菜は5cm長さに切り、Bはみじん切りにする。

2 フライパンにB、油を中火で熱し、香りが立ったらごぼう、豚肉を入れて肉の色が変わるまで炒める。

3 ゆで卵、Cを加えてときどき混ぜながら20分ほど煮込み、チンゲン菜を加えてさっと煮る。

4 器にごはんを盛り、3をのせて煮汁を適量かける。

**memo**
八角を入れることで本格的な味わいになるが、苦手な場合はなくても大丈夫。

**主食**

ごぼうの旨味が溶け出て
ほっこり温まる

# たっぷりごぼうの
# 煮込みうどん

**材料**（2人分）

ごぼう……1本（240g）

ゆでうどん……2玉

玉ねぎ……1/4個

しょうが……1かけ

さやいんげん……3本

豚こま切れ肉……100g

**A** ｜ 酒……大さじ2
｜ みりん……大さじ1

**B** ｜ 水……300㎖
｜ めんつゆ（3倍濃縮）
｜ ……150㎖

サラダ油……大さじ1

**作り方**

1 ごぼうは縦半分に切り、斜め薄切りにする。さっと水にさらして水けをきる。玉ねぎは繊維に沿って薄切りにする。しょうがはせん切りにし、さやいんげんはヘタを切って3等分にする。

2 鍋に湯を中火で沸かし、ゆでうどん、さやいんげんを入れてさっとゆでる。ざるにあげて水けをきり、器にうどんを盛る。

3 鍋に油を中火で熱し、ごぼう、豚肉、玉ねぎ、しょうがを入れて肉の色が変わるまで炒める。

4 Aを加えて1〜2分炒め、Bを加えて煮立ったら5分ほど煮る。2のうどんにかけてさやいんげんを添える。

**memo**
今回はうどんにかけているが、そばやごはんにかけてもおいしく食べられる。

# れんこん の 使い切り

薄切りにしてゆでたり、炒めたりするとシャキシャキ食感に。大きめに切って煮ると
ホクホク食感になるほか、すりおろして調理するともちもちの食感も楽しめます。
食べ方によって切り方をアレンジしながら使い切りましょう。

**目利き1**
ずんぐりと
丸みがある

**目利き2**
皮が薄茶色で
みずみずしい

**目利き3**
切り口や穴の中が
変色していない

## DATA

**旬**
11〜3月

**栄養**
ビタミンC、カリウムを多く含むため、免疫機能を整えるほか、美肌や血圧調節の助けにも役立つ。

**正しい保存方法**
丸ごとの場合は、濡らしたキッチンペーパーで包んでポリ袋に入れ、軽く口を閉じて野菜室で立てて保存（保存期間：約1週間）。切ったものは、ラップをぴっちりして野菜室で保存（保存期間：約2〜3日間）。または切ったものは、皮を剥いて酢水にさらし、水けをきる。冷凍用保存袋に入れて冷凍室で保存（保存期間：約1ヵ月）。

### おすすめ調理アイデア
鮮度のよいものは、さっとゆでてサラダ風に仕上げるのがおすすめ。あまり鮮度のよくないものは、煮込みや、素揚げにするとよい。

### よく合う味のテイスト
しっかりめの味わいにしたいときは牛肉などコクのある食材と組み合わせるのがよい。軽めにしたければツナや鶏ひき肉などを合わせて。

### こんな調味料も！
和風、洋風、中華風など、どのような味つけも合うが、旨味の強いバターやオイスターソースなどがおすすめ。

**左レシピ情報（縦書き）**
8分｜鍋｜甘酢味｜冷蔵3〜4日｜冷凍1カ月

**右レシピ情報（縦書き）**
10分｜フライパン｜塩味｜冷蔵3〜4日｜冷凍1カ月

---

甘酸っぱさと
シャキシャキ食感がクセになる

# れんこん甘酢

**材料**（2人分）

**れんこん**……1節（160g）

| A | 水……500mℓ |
| | 酢……大さじ1/2 |

| B | 水……100mℓ |
| | 酢……60mℓ |
| | 砂糖……40g |
| | 輪切り唐辛子……小さじ1/2 |

**作り方**

1 れんこんは薄めの輪切りにし、Aに3分ほどつけて水けをきる。

2 鍋にBを入れて中火で熱し、1を加えて一煮立ちさせ、火を止める。粗熱が取れたら20分ほど冷蔵庫で味をなじませる。

**memo**

れんこんはスライサーを使えば薄く仕上げることができる。厚めに切った場合は、加熱時間を少し長くして。

---

磯の香りとバターのコクが
食欲をそそる！

# れんこんの
# 青のりバター炒め

**材料**（2人分）

**れんこん**……1節（160g）

| A | 水……500mℓ |
| | 酢……大さじ1/2 |

青のり……大さじ1
塩……小さじ1/2
バター……20g

**作り方**

1 れんこんは4cm幅の拍子木切りにし、Aに3分ほどつけて水けをきる。

2 フライパンにバターを強火で熱し、1を入れてさっと炒め、青のり、塩を加えて全体が混ざるまで炒める。

**memo**

強火でさっと炒めるのがシャキシャキに仕上げるポイント。

**主菜**

## 左側のレシピ

20分 ｜ ボウル・フライパン ｜ 塩味 ｜ 冷蔵3〜4日 ｜ 冷凍1カ月

ふわふわのはんぺんと
れんこんの食感の違いを楽しんで

# えびとはんぺんの
# れんこん挟み焼き

**材料**（6個分）
**れんこん**⋯⋯**12㎝**

むきえび⋯⋯6尾
はんぺん⋯⋯1枚（100g）
片栗粉⋯⋯適量
長ねぎ⋯⋯1/4本

A｜すりおろししょうが⋯⋯1かけ
　｜塩⋯⋯ひとつまみ
サラダ油⋯⋯適量

**作り方**

1 れんこんは1㎝幅で12枚切りにし、片栗粉をまぶす。

2 むきえびは背ワタを取り除き、片栗粉をまぶして揉み込む。水で洗い、キッチンペーパーで水けを拭き取ってぶつ切りにする。長ねぎはみじん切りにする。

3 はんぺんを手で潰し、ボウルに入れて2、Aを加える。なめらかになるまで混ぜて6等分にする。

4 れんこん1切れに3をのせ、れんこん1切れで挟む。同様にこれをあと5個作る。

5 フライパンに多めの油を中火で熱し、4を入れて2〜3分焼き、ひっくり返して蓋をし、3〜4分焼く。

～～～～～～
memo
れんこんの大きさによって12枚切りだと厚くて高さが出る場合は、切る枚数を増やしてその分中身を薄くし、火が通りやすくして。

## 右側のレシピ

10分 ｜ フライパン ｜ オイスターソース味 ｜ 冷蔵3〜4日 ｜ 冷凍1カ月

オイスターソースがからんで
もりもり食べられる！

# れんこんと牛肉の
# ガーリック
# オイスターソース
# 炒め

**材料**（2人分）
**れんこん**⋯⋯**1節**（160g）

牛切り落とし肉⋯⋯100g
A｜水⋯⋯500㎖
　｜酢⋯⋯大さじ1/2
すりおろしにんにく⋯⋯小さじ1
オイスターソース⋯⋯大さじ2
ごま油⋯⋯大さじ1

**作り方**

1 れんこんは3〜4㎜幅のいちょう切りにし、Aに3分ほどつけて水けをきる。

2 フライパンに油を中火で熱し、牛肉、にんにくを入れて炒める。

3 肉の色が変わったら1を加え、さっと炒めて、オイスターソースを加えて1〜2分炒めながらからめる。

～～～～～～
memo
れんこんは薄く切ればほどよい歯応えに。厚めに切ればしっかりとした歯応えを楽しむことができる。

噛むたびにシャキッとした
れんこんの食感が感じられる

# シャキッと
# れんこんつくね

**材料**（2人分）
**れんこん**……1節（160g）
鶏ひき肉……140g
長ねぎ……1/4本
塩……ふたつまみ

**A** ｜ 片栗粉……大さじ2
｜ すりおろししょうが……小さじ1

**B** ｜ みりん……大さじ2
｜ しょうゆ……大さじ1

ごま油……大さじ1

**作り方**

1 れんこんは5mm角の粗みじん切りにする。長ねぎは
みじん切りにする。

2 ボウルにひき肉、塩を入れて粘り気が出るまで混ぜ、
1、Aを加えて混ぜる。なめらかになったら6等分にし
て小判形に成形する。

3 フライパンに油を中火で熱し、2を入れて焼き色がつ
くまで焼く。ひっくり返して蓋をし、2〜3分焼いて蓋を
外し、Bを加えて1〜2分炒めながらからめる。

**memo**
お好みで卵黄を添えてつけながら食べるのもおすすめ。

---

**主菜**

梅としそでさっぱり！
さわやかな酸味が口に広がる

# れんこんと
# 鶏ささみ肉の
# 梅じそ和え

**材料**（2人分）
**れんこん**……1節（160g）
鶏ささみ肉……2本（100g）
片栗粉……大さじ2
梅干し……1個

**A** ｜ ポン酢しょうゆ・ごま油……各大さじ1

青じそ（せん切りにし、さっと水にさらして水けをきる）
……3枚分

**作り方**

1 れんこんは3〜4mm幅の半月切りにする。鶏肉は筋を
取って一口大のそぎ切りにし、片栗粉をまぶす。梅干
しは種を取り除き、粗く叩く。

2 鍋に湯（分量外）を中火で沸かし、酢（分量外）を一
回し加える。れんこんを入れて30秒ほどゆで、取り
出して粗熱を取る。

3 2と同じ湯を再び沸かし、鶏肉を入れて2分ほどゆで、
取り出して粗熱を取る。

4 ボウルに梅干し、Aを入れて混ぜ合わせ、2、3を加
えて和える。器に盛り、青じそをのせる。

**memo**
れんこんはシャキシャキした歯応えを残したほうがおいしい
ので、加熱しすぎないように注意。

**副菜**

すりおろしたれんこんが
とろりと溶け込む

# すりおろしれんこん
# と崩し豆腐のみそ汁

**材料**（6個分）

**れんこん**……1節（160g）
木綿豆腐……1/3丁（100g）
長ねぎ……1/4本
しょうが……1/2かけ
鶏ひき肉……80g
だし汁……300㎖
みそ……大さじ2
ごま油……大さじ1/2

**作り方**

1 れんこんはすりおろす。長ねぎはみじん切りにし、しょうがはせん切りにする。豆腐はキッチンペーパーで水けを拭き取る。

2 鍋に油、しょうが、長ねぎを入れて中火で熱し、ひき肉を加えて炒める。

3 肉の色が変わったられんこん、だし汁を加え、豆腐を手で大きめにちぎりながら加え、一煮立ちさせる。火を止め、みそを溶き入れる。

**memo**
だし汁は自宅にある顆粒だしの素や白だしを使っても大丈夫。昆布を入れてもおいしい。

ゆずこしょうがふんわり香る
やみつき炒め！

# れんこんとそぼろの
# ゆずこしょう炒め

**材料**（2人分）

**れんこん**……1節（160g）
豚ひき肉……100g
A｜水……500㎖
　｜酢……大さじ1/2
長ねぎ……1/4本
B｜白だし……大さじ1
　｜ゆずこしょう……小さじ1
サラダ油……大さじ1

**作り方**

1 れんこんは5㎜幅の半月切りにし、Aに3分ほどつけて水けをきる。長ねぎはみじん切りにする。

2 フライパンに油を中火で熱し、ひき肉、長ねぎを入れて炒める。

3 肉の色が変わったられんこんを加えてさっと炒め、Bを加えて2〜3分炒めながらからめる。

**memo**
ゆずこしょうはメーカーによって辛味が異なるので少量ずつ様子を見ながら加えて。

みじん切りとすりおろしのダブル使いで
食感を楽しめる！

# れんこんもち

**材料**（2人分）

**れんこん**……1節（160g）

焼きのり（全形）……1/2枚

A｜片栗粉……大さじ2
　｜すりおろししょうが……小さじ1
　｜塩……ふたつまみ

B｜みりん……大さじ2
　｜しょうゆ……大さじ1
　｜砂糖……小さじ1

サラダ油……大さじ1

**作り方**

1 れんこんは半分をみじん切りにし、残り半分はすりおろして軽く水けをきる。焼きのりは8等分に切る。

2 ボウルにれんこん、Aを入れてよく混ぜ合わせて、4等分にする。

3 フライパンに油を中火で熱し、のり1切れをおいてその上にスプーンで2をのせ、のり1切れをのせる。同様にあと3個作る。

4 両面焼きかためたらBを加え、照りが出るまで焼きながらからめる。

**memo**
まとまりが悪いようであれば、片栗粉を追加して調整をして。

---

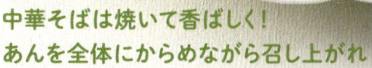

**主食**

中華そばは焼いて香ばしく！
あんを全体にからめながら召し上がれ

# れんこんあんかけ焼きそば

**材料**（2人分）

**れんこん**……1節（160g）

蒸し中華そば……2玉

A｜水……500㎖
　｜酢……大さじ1/2

チンゲン菜……1株

豚こま切れ肉……100g

B｜水……100㎖
　｜鶏がらスープの素（顆粒）……小さじ2
　｜すりおろししょうが……小さじ1
　｜塩・こしょう……各少々

水溶き片栗粉……水小さじ2＋片栗粉小さじ1

ごま油……大さじ1＋大さじ1

**作り方**

1 れんこんは3〜4㎜幅のいちょう切りにし、Aに3分ほどつけて水けをきる。チンゲン菜はざく切りにする。

2 フライパンに油大さじ1を中火で熱し、中華そばを入れて両面焼き色がつくまで焼き、器に盛る。

3 2のフライパンに油大さじ1を中火で熱し、豚肉を入れて炒める。肉の色が変わったら、1を加えてさっと炒める。

4 Bを加えて一煮立ちさせ、水溶き片栗粉でとろみをつけたら2にかける。

**memo**
塩味のほうがれんこんのおいしさが引き立つが、ソース味にしてもおいしく食べられる。

# ねぎ の 使い切り

辛味やシャキシャキの食感を楽しみたい場合は生で、甘味を楽しみたい場合は加熱して。薬味のほか、みじん切りにして調味料と合わせ、タレにする使い道も。長ねぎの緑の部分は薬味として使ったり、煮込み料理の臭み消しとしても使えます。

## DATA

旬
11〜2月（長ねぎ・小ねぎ）

栄養
**長ねぎ**：辛味成分である硫化アリルは白い部分に多く含まれ、抗菌性や血圧調節作用が期待される。緑の部分は$\beta$-カロテンやビタミンCを多く含むので捨てずに使うのがおすすめ。

**小ねぎ**：長ねぎと比べて抗酸化作用がある$\beta$-カロテンのほか、ビタミンCやK、カルシウムなどの栄養素を多く含む。

**小ねぎの目利き**
- 緑が鮮やか
- 葉先までピンとしている
- 根元の白がはっきりしている

**長ねぎの目利き**
- 太さが均一でまっすぐ
- 白い部分にハリツヤがある
- 緑と白の境い目がはっきりしている

**正しい保存方法**
新聞紙で包んで冷暗所または野菜室で立てて保存（長ねぎ／保存期間：約1週間）。または野菜室に入る長さに切り、ラップをぴっちりして野菜室で立てて保存（小ねぎ／保存期間：約5〜7日間）。新聞紙で包んで野菜室で立てて保存（小ねぎ／保存期間：約5〜7日間）。または切ったものを冷凍用保存袋に入れて冷凍室で保存（長ねぎ・小ねぎ／保存期間：約1ヵ月）。

**おすすめ調理アイデア**
辛味を生かして生で使うか、甘味を引き出すために焼いて使うなどうまく使い分けて料理に取り入れて。

**よく合う味のテイスト**
和風や中華風の味つけが比較的よく合うが、焼き色をつけて甘味を出したいときは、チーズなどで洋風味に仕上げるのもおすすめ。

**こんな調味料も！**
辛味をカバーするにはあえてピリ辛味の調味料と組み合わせて食べてもおいしい。

**作りおき**

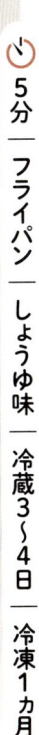

焼いたねぎの甘味に
ゆずが上品に香る

# 焼きねぎの
# ゆずポンマリネ

**材料**（2人分）

**長ねぎ**……**2本**（200g）

ゆずの皮（または国産レモンの皮）……3g

A ｜ しょうゆ……大さじ1
　　ゆずの果汁（またはレモン汁）……小さじ1

オリーブ油……大さじ1

**作り方**

1 長ねぎは5cm幅のぶつ切りにする。ゆずの皮はせん切りにする。

2 フライパンに油を中火で熱し、長ねぎを入れて焼き色がついてしんなりとするまで転がしながら炒める。

3 ボウルにゆずの皮、**A**を混ぜ合わせ、**2**を加えて20分ほど漬ける。

**memo**

ゆずがない時期に作る場合は、レモンやかぼす、すだちでもアレンジができる。

材料3品でできる
困ったらコレ！な一品

# ねぎの
# バターしょうゆ炒め

**材料**（2人分）

**長ねぎ**……**2本**（200g）

しょうゆ……大さじ1

バター……20g

**作り方**

1 長ねぎは2cm幅のぶつ切りにする。

2 フライパンにバターを強火で熱し、**1**を入れて焼き色がつくまで炒める。しょうゆを回し入れ、少し焦がしてから調味料がなじむまで炒めてからめる。

**memo**

しょうゆは少し焦がしてから炒めることで風味よく仕上がる。

やわらかい鶏肉と甘い長ねぎが
ピリッとした辛味と相性抜群！

# ねぎと鶏もも肉の
# ヤムニョムチキン

**材料**（2人分）

**長ねぎ……1本**（100g）

鶏もも肉……1枚（280g）

A｜すりおろししょうが・すりおろしにんにく……各小さじ1

片栗粉……大さじ3

B｜酒……大さじ2
｜トマトケチャップ……大さじ1
｜コチュジャン・しょうゆ・はちみつ……各大さじ1/2

ごま油……大さじ1

白いりごま……小さじ1

**作り方**

1 長ねぎは斜め薄切りにする。鶏肉は一口大に切り、Aを揉み込んで5分ほどおき、片栗粉をまぶす。

2 フライパンに油を中火で熱し、鶏肉の皮目を下にして入れ、3分ほど焼く。ひっくり返して長ねぎを加え、蓋をしてときどき混ぜながら3〜4分焼く。

3 Bを加え、全体に調味液がからむまで炒める。器に盛り、白いりごまをふる。

**memo**
材料欄のBの漬けダレに1日漬けておけば、さらにおいしく仕上がるのでおすすめ。

---

**主菜**

万能なねぎ塩ダレ！
お好みの肉や魚にかけても

# チャーシュー
# ねぎ塩ダレ

**材料**（2人分）

**長ねぎ……1本**（100g）

豚バラブロック肉……200g

A｜ごま油……大さじ2
｜すりおろしにんにく・鶏がらスープの素（顆粒）
｜　……各小さじ1
｜白いりごま……小さじ1/2
｜塩・こしょう……各少々

B｜酒……大さじ2
｜しょうゆ……大さじ1/2
｜すりおろしにんにく……小さじ1
｜すりおろししょうが……小さじ1/2

**作り方**

1 長ねぎはみじん切りにする。ボウルに入れてAを加え、混ぜ合わせる。

2 豚肉はフォークで全体に穴をあける。保存袋に入れてBを加えてもみ込み、冷蔵庫で30分ほど漬ける。

3 耐熱皿に2を煮汁ごと入れ、ふんわりとラップをして電子レンジで4分加熱する。ひっくり返して再びラップをし、さらに4分加熱し、粗熱を取る。食べやすい厚さに切って器に盛り、1をかける。

**memo**
辛味が好きな方は豆板醤小さじ1/2ほどを加えると、さらにおいしく仕上がる。

## 左の料理情報

10分 ｜ フライパン ｜ ポン酢しょうゆ味 ｜ 冷蔵3〜4日 ｜ 冷凍1ヵ月

酸味とゆずこしょうで食欲増進！

# ねぎと豚肉の
# ゆずこしょう炒め

**材料**（2人分）
**長ねぎ**……**1本**（100g）
豚こま切れ肉……120g
A ｜ ポン酢しょうゆ……大さじ1
　｜ ゆずこしょう……小さじ1
サラダ油……大さじ1

**作り方**

1 長ねぎは4cm長さに切る。Aは混ぜ合わせておく。

2 フライパンに油を中火で熱し、豚肉を入れて炒める。肉の色が変わったら長ねぎを加え、長ねぎに焼き色がつくまで炒める。Aを加え、1〜2分炒めながらからめる。

**memo**
ポン酢しょうゆの代わりにめんつゆで炒めても甘辛くておいしく仕上がる。

## 右の料理情報

10分 ｜ ボウル ｜ 酸味 ｜ 冷蔵3〜4日 ｜ 冷凍NG

ふんわり白髪ねぎをどっさりと！
ほんのりディルが香る

# ねぎとサーモンの
# カルパッチョ

**材料**（2人分）
**長ねぎ**……**1/2本**（50g）
サーモン（刺身用）……140g
A ｜ オリーブ油……大さじ2
　｜ レモン汁……小さじ2
　｜ 塩……ふたつまみ
　｜ こしょう……少々
　｜ ディル……適量

**作り方**

1 長ねぎは白髪ねぎにする。ボウルにAを入れて混ぜ合わせ、長ねぎを加えて和える。

2 サーモンは薄切りにして器に盛り、1をかける。

**memo**
今回はサーモンを使っているが、ほかにも鯛やあじなど、白身魚や青魚の刺身でもおいしく食べられる。

ねぎをたっぷり入れたタレを
鶏肉にからめてどうぞ！

# よだれ鶏
# ピリ辛ねぎソース

**材料**（2人分）

**長ねぎ……1本（100g）**

鶏むね肉……1枚（280g）

砂糖……大さじ1

酒……大さじ1

A｜酢・しょうゆ・ごま油……各大さじ1
｜すりおろししょうが・すりおろしにんにく
｜　……各小さじ1
｜ラー油……小さじ1/2

パクチー……お好みで

### 作り方

1 長ねぎはみじん切りにする。

2 鶏肉はフォークで全体に穴をあけ、厚い部分はめん棒で叩く。砂糖をまぶして冷蔵庫で15分ほどおく。

3 耐熱皿に2を入れ、酒をかけて1をのせ、ふんわりとラップをして電子レンジで3分加熱する。ひっくり返し、再びラップをしてさらに3〜4分加熱する（肉汁は残しておく）。粗熱が取れたら食べやすい大きさに切り、器に盛る。

4 残しておいた肉汁にAを混ぜ合わせ、3にかけてお好みでパクチーを添える。

〜〜〜〜〜〜〜〜〜〜〜〜〜〜〜〜
memo

パクチーの代わりに春菊でもおいしく仕上がる。辛味が好きな方はラー油をお好みで増やしても。

**副菜**

とろ〜っと溶けたチーズと濃厚みそが
ねぎの甘味と好相性！

# ねぎの
# みそチーズ焼き

**材料**（2人分）

**長ねぎ……2本（200g）**

A｜みそ・みりん……各大さじ2
｜砂糖……大さじ1
｜すりおろししょうが……小さじ1

ピザ用チーズ……40g

ごま油……大さじ1

### 作り方

1 長ねぎは1.5cm幅に切る。油をかけてからめる。

2 耐熱容器に1を広げ、トースターで5分焼く。

3 ボウルにAを入れて混ぜ合わせる。2にかけてチーズをのせ、トースターでさらに7〜8分焼く。

〜〜〜〜〜〜〜〜〜〜〜〜〜〜〜〜
memo

チーズをのせる前にしっかりと焼き色をつけることがおいしく仕上げるコツ。

小ねぎをもりもりにのせて
黄身とからめて食べて

# たっぷりねぎの
# 釜玉うどん

**材料**（2人分）

**小ねぎ**……**1/2袋**（50g）

ゆでうどん……2玉

A 熱湯……200㎖
  めんつゆ（3倍濃縮）……100㎖

B ごま油……大さじ1
  白いりごま……小さじ1
  七味唐辛子……4ふり

卵黄……2個分

刻みのり……2g

**作り方**

1 小ねぎは小口切りにする。Aは混ぜ合わせておく。

2 ゆでうどんは袋の表示通りにゆでて器に盛る。

3 ボウルに小ねぎ、Bを入れてよく和える。

4 2にAを注ぎ、3をのせる。中央をくぼませ、卵黄をのせて刻みのりを散らす。

～～～～～～
memo
今回は卵黄をトッピングしているが、温玉にしてもおいしい。

主食

香り高い桜えびと小ねぎを
たっぷり入れておいしく！

# 焼きねぎのジョン

**材料**（2人分）

**小ねぎ**……**1/2袋**（50g）

桜えび（乾燥）……大さじ1

A ポン酢しょうゆ……大さじ2
  ラー油……適量

B 卵……1個
  薄力粉……80g
  片栗粉……大さじ2
  塩……ふたつまみ

水……適量

ごま油……大さじ2

**作り方**

1 小ねぎは4cm長さに切る。Aは混ぜ合わせておく。

2 ボウルにBを入れて混ぜ合わせ、とろみがつくまで少量ずつ水を加える。小ねぎ、桜えびを加えてさらに混ぜる。

3 フライパンに油を中火で熱し、2を流し入れて焼き色がつくまで焼く。ひっくり返して蓋をし、3分ほど焼く。食べやすい大きさに切り、Aを添えてつけながらいただく。

～～～～～～
memo
桜えびの代わりにシーフードミックスを使用しても、旨味がたっぷりに仕上がる。

# もやし の 使い切り

安価で手に入る家計の強い味方。
淡白な味なので、炒め物やめん料理のかさ増し＆食感増しとしても使いやすい野菜。
傷みやすいので、すぐに使わない場合は袋のまま冷凍がおすすめです。

**目利き1**
色が白くて太い

**目利き2**
袋に水が
溜まって
いない

**目利き3**
ひげ根が茶色に
変色していない

## DATA

**旬**
通年

**栄養**
野菜の中でも特に低カロリーでダイエットにも最適。エネルギー代謝を促すアスパラギン酸や、むくみにも効果的なカリウムを含む。

**正しい保存方法**
袋のまま冷蔵室で保存（保存期間：2〜3日間）。または熱湯をかけるかさっとゆでてから冷まし、水けをきってポリ袋に入れ、軽く口を閉じて冷蔵室で保存（保存期間：約5〜7日間）。袋をあけたものは保存袋に入れて密閉し、冷蔵室で保存（保存期間：約2〜3日間）。または洗って水けを拭き取り、冷凍用保存袋に入れて冷凍室で保存（保存期間：約1ヵ月）。

**おすすめ調理アイデア**
じっくり加熱してしまうと水分ばかりが出てしまうので、さっと調理するのがおすすめ。

**よく合う味のテイスト**
もやしはあまり味の主張をしないので、基本的にどのような味つけにも合う。ただ、出てくる水分を考えながら味つけをするとよい。

**こんな調味料も！**
カレー粉などのスパイスや、赤しそふりかけなどのしっかりした味の調味料と合わせるのに向いている。

5分 ｜ フライパン ｜ 塩味 ｜ 冷蔵3～4日 ｜ 冷凍1カ月

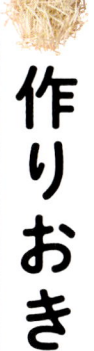

作りおき

8分 ｜ 電子レンジ・ボウル ｜ カレー味 ｜ 冷蔵3～4日 ｜ 冷凍1カ月

## シャキッとしたもやしと
## コリコリしたザーサイの食感を味わって

# もやしとザーサイの
# 中華炒め

**材料（2人分）**
**もやし**……1袋（200g）
ザーサイ……50g
**A** ｜ すりおろしにんにく・鶏がらスープの素（顆粒）
　　　……各小さじ1
　　｜ 塩・こしょう……各少々
ごま油……大さじ1

**作り方**
**1** ザーサイは大きめのざく切りにする。
**2** フライパンに油を中火で熱し、もやし、ザーサイを入れて炒める。
**3** 全体に油が回ったらAを加え、さっと炒める。

**memo**
作りおきにする場合、もやしはさっと炒めて余分な水分を出さないのがコツ。

## かいわれ大根の緑と
## カレーの黄色が映える！

# もやしの
# カレーナムル

**材料（2人分）**
**もやし**……1袋（200g）
かいわれ大根……10g
**A** ｜ サラダ油……大さじ1
　　｜ カレー粉・コンソメ（顆粒）……各小さじ1
　　｜ 塩……ひとつまみ
　　｜ こしょう……少々

**作り方**
**1** 耐熱皿にもやしを入れ、ふんわりとラップをして電子レンジで3分加熱し、粗熱を取って水けを絞る。かいわれ大根は根元を切り落とし、半分の長さに切る。
**2** ボウルにAを入れて混ぜ合わせ、1を加えて和える。

**memo**
水けをしっかり絞れば、翌日も味がよくなじんで水っぽくならず、おいしく食べられる。

**10分 | フライパン | オイスターソース味 | 冷蔵3〜4日 | 冷凍1カ月**

韓国の定番おかずにもやしを入れて
ボリュームと食感をプラス!

# もやしの
# チャプチェ風

**材料**(2人分)
**もやし……1袋(200g)**
牛切り落とし肉……100g
にんじん……40g
にら……1/4束
春雨……40g
A｜オイスターソース……大さじ2
　｜みりん……大さじ1
　｜すりおろしにんにく・しょうゆ……各小さじ1
ごま油……大さじ1

**作り方**

1 にんじんは細切りにし、にらは3cm長さに切る。春雨はキッチンバサミで半分に切り、熱湯(分量外)で戻して水けをきる。

2 フライパンに油を中火で熱し、牛肉を入れて肉の色が変わるまで炒め、にんじんを加えて1〜2分炒める。もやし、にら、春雨を加えて1〜2分炒め、Aを回し入れて全体を炒めながらからめる。

〜〜〜〜
**memo**
仕上げに白いりごまや赤糸唐辛子をプラスするのもおすすめ。

鶏がらベースのあんかけは
どんな魚にも合う!

# 鮭の
# もやし中華あんかけ

**15分 | フライパン | 塩味 | 冷蔵3〜4日 | 冷凍1カ月**

**材料**(2人分)
**もやし……1袋(200g)**
生鮭……2切れ
塩……ふたつまみ
しいたけ……2枚
しょうが……1/2かけ
A｜水……50mℓ
　｜鶏がらスープの素(顆粒)……小さじ1
　｜塩……ふたつまみ
　｜こしょう……少々
水溶き片栗粉……水小さじ2＋片栗粉小さじ1
ごま油……大さじ1
小ねぎ(小口切り)……小さじ2

**作り方**

1 鮭は塩をふり、10分ほどおいてキッチンペーパーで水けを拭き取る。しいたけは軸を取り除き、薄切りにする。しょうがはせん切りにする。

2 フライパンに油を中火で熱し、鮭の皮目を下にして入れ、4分ほど焼く。ひっくり返して蓋をし、弱〜中火で火が通るまで2〜3分焼いて一度取り出し、器に盛る。

3 2のフライパンにしいたけ、しょうがを入れてさっと炒め、もやしを加えて炒める。

4 全体に油が回ったらAを加えて混ぜ、水溶き片栗粉を加えてとろみをつける。2にかけて小ねぎを散らす。

〜〜〜〜
**memo**
もやしは最後に加えて、さっと加熱する程度に仕上げるのがコツ。また、にらや青菜を加えてもおいしい。

**主菜**

ごはんにのせてもおいしい

# もやしと豚肉の卵炒め

**材料**（2人分）
**もやし……1袋**（200g）
豚こま切れ肉……100g
さやいんげん……3本
しょうが……1/2かけ
卵……2個
塩・こしょう……各少々
A｜しょうゆ・みりん・白だし……各大さじ1
サラダ油……大さじ1

**作り方**

1 さやいんげんは斜め薄切りにし、しょうがはせん切りにする。卵はボウルに割り入れて溶きほぐす。

2 フライパンに油を中火で熱し、豚肉、しょうがを入れて肉の色が変わるまで炒める。さやいんげん、塩、こしょうを加えて炒め、全体に油が回ったらAを加えて1〜2分炒める。

3 もやしを加えてさっと炒め、溶き卵を回し入れて大きく混ぜ、卵に火を通す。

**memo**
今回は豚こま切れ肉を使っているが、豚バラ薄切り肉にすればパンチのある仕上がりになる。

もやしでヘルシー！
罪悪感のない濃厚スープ

# たっぷりもやしの坦々スープ

**材料**（2人分）
**もやし……1袋**（200g）
豚ひき肉……80g
長ねぎ……1/4本
にんにく……1/2かけ
しょうが……1/2かけ
A｜無調整豆乳……300mℓ
　ごま油……大さじ1
　白すりごま・みそ・鶏がらスープの素（顆粒）……各小さじ2
　豆板醤……小さじ1
ごま油……大さじ1
小ねぎ（小口切り）……小さじ2

**作り方**

1 長ねぎ、にんにく、しょうがはみじん切りにする。Aは混ぜ合わせておく。

2 鍋に油、長ねぎ、にんにく、しょうがを入れて中火で熱し、香りが立ったらひき肉を加えて肉の色が変わるまで炒める。

3 もやしを加えて全体をさっと炒め、Aを加えて一煮立ちさせる。器に盛り、小ねぎを散らす。

**memo**
無調整豆乳は加熱しすぎると分離してしまうので、さっと一煮立ちさせる程度に仕上げて。お好みでラー油をかけても。

副菜

⏱ 5分 ｜ 電子レンジ・ボウル ｜ マヨネーズ味 ｜ 冷蔵3〜4日 ｜ 冷凍1カ月

⏱ 5分 ｜ 電子レンジ・ボウル ｜ 赤しそ味 ｜ 冷蔵3〜4日 ｜ 冷凍1カ月

---

シャキシャキした食感がたまらない！
マヨネーズがやみつき

# もやしとハムの
# マヨサラダ

**材料**（2人分）
**もやし……1袋（200g）**
きゅうり……1本
ロースハム……2枚
A｜ マヨネーズ……大さじ3
　｜ 塩・こしょう……少々

**作り方**

1 耐熱皿にもやしを入れ、ふんわりとラップをして電子
レンジで1分加熱し、粗熱が取れたら水けを絞る。きゅうり、ハムはせん切りにする。

2 ボウルに1、Aを入れて和える。

〜〜〜〜〜〜〜〜〜〜〜〜〜〜〜〜〜〜〜〜
memo
お好みで練りからしを少し入れると、大人のマヨサラダに仕上がる。

---

塩味のある赤しそふりかけで
たこともやしをしっかり味つけ！

# もやしとたこの
# 赤しそ和え

**材料**（2人分）
**もやし……1袋（200g）**
ゆでだこ……60g
A｜ 赤しそふりかけ・オリーブ油……各大さじ1

**作り方**

1 耐熱皿にもやしを入れ、ふんわりラップをして電子レンジで1分加熱し、粗熱が取れたら水けを絞る。たこは食べやすい大きさに切る。

2 ボウルに1、Aを入れて和える。

〜〜〜〜〜〜〜〜〜〜〜〜〜〜〜〜〜〜〜〜
memo
オリーブ油の代わりにごま油としょうゆ少々を加えて和風にもアレンジできる。

めんの代わりにもやしを使って
ヘルシーな仕上がりに！

# たっぷりもやしの
# パッタイ

**材料**（2人分）
**もやし**……1袋（200g）
えび（ブラックタイガーなど）……6尾
片栗粉……適量
にら……1/4束
卵……2個
**A** ｜ ナンプラー・オイスターソース……各大さじ1
　　｜ すりおろしにんにく・レモン汁……各小さじ1
　　｜ 黒こしょう……少々
サラダ油……大さじ1/2＋大さじ1/2
パクチー……お好みで

**作り方**

**1** えびは殻をむき、背中に切り込みを入れて背ワタを取り除く。片栗粉をまぶして揉み込んで水で洗い、キッチンペーパーで水けを拭き取る。にらはざく切りにする。

**2** ボウルに卵を割り入れて溶きほぐす。フライパンに油大さじ1/2を中火で熱し、溶き卵を入れてさっと炒め、半熟状になったら一度取り出す。

**3** 2のフライパンに油大さじ1/2を中火で熱し、えびを入れて火が通るまで炒める。もやし、にら、2の卵、Aを加えて1〜2分炒めながらからめる。器に盛り、お好みでパクチーを添える。

**memo**
もやしとにらはさっと加熱する程度で炒めて、シャキシャキした歯応えを残すとおいしく仕上がる。

主食

もやしめんシリーズ2弾！
濃いめの味つけでも罪悪感なし

# もやしナポリタン

**材料**（2人分）
**もやし**……1袋（200g）
ウインナー……4本
ピーマン……1個
**A** ｜ トマトケチャップ……大さじ2
　　｜ ウスターソース……大さじ1/2
　　｜ すりおろしにんにく……小さじ1
　　｜ コンソメ（顆粒）……小さじ1/2
オリーブ油……大さじ1

**作り方**

**1** ウインナーは斜め薄切りにする。ピーマンはヘタと種を取り除いて繊維に沿って5mm幅の細切りにする。

**2** フライパンに油を中火で熱し、1を入れて具材に火が通るまで炒める。もやしを加えてさっと炒め、Aを加えて1〜2分全体を炒めながらからめる。

**memo**
ウインナーの代わりにベーコンで作ってもおいしく仕上がる。

# きのこ
## の 使い切り

通年手に入るきのこは、
手軽に料理の旨味や香りをアップできるだけでなく、
かさ増しにも。焼くと水分が飛んでかなりかさが減るので、
たくさんある場合は加熱調理で消費するのもおすすめ。
旨味もぎゅっと凝縮されます。

## DATA

**旬**

天然のものは基本的に秋が旬（えのきたけは晩秋～冬／しいたけは春と秋の2回）だが、一般的に流通しているものは人工栽培品なので通年。

**栄養**

共通して食物繊維を多く含み、腸内環境を整える。中でもβ-グルカンは免疫機能を司る器官を助ける働きも。また、ビタミンB1・B2・Dやカリウムも豊富。ビタミンDはまいたけに特に多く含まれ、カルシウムの吸収を助ける効果がある。

**正しい保存方法**

えのきたけは袋のまま野菜室で立てて保存（保存期間：約1週間）。まいたけ・エリンギ・しめじは袋またはパックに穴をあけて野菜室で保存（保存期間：約1週間）。しいたけ・マッシュルーム・一度開けた上記のきのこは、水けを拭き取り、キッチンペーパーで包んでポリ袋に入れ、軽く口を閉じて野菜室で保存（保存期間：約1週間）。または共通して、石づきや根元を切り落としてほぐし、冷凍用保存袋に入れて冷凍室で保存（保存期間：約1ヵ月）。※しいたけはカサを下にする。

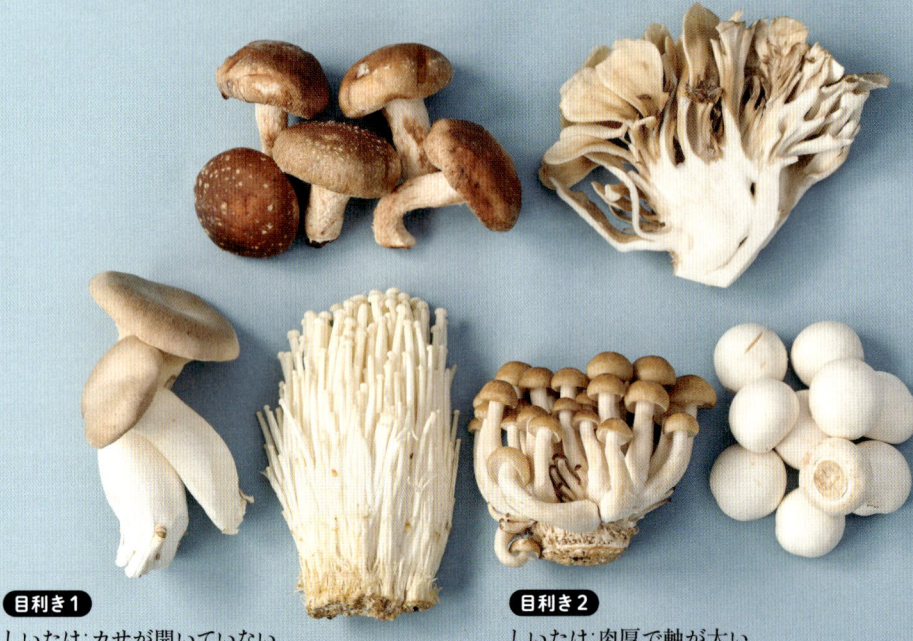

**目利き1**

しいたけ：カサが開いていない
まいたけ：カサが肉厚で濃い茶色
エリンギ：カサが内側に巻いていて淡い茶色
えのきたけ：カサが小さめで閉じている
しめじ：カサが密集している
マッシュルーム：表面がスベスベ

**目利き2**

しいたけ：肉厚で軸が太い
まいたけ：軸の断面が白い
エリンギ：軸が太い
えのきたけ：背丈が揃っている
しめじ：軸が太くて短い
マッシュルーム：カサが締まっていてかたい

### おすすめ調理アイデア

鮮度のいいきのこはシンプルに焼くのがおすすめ。冷凍したきのこを使う場合は、炒め物やマリネにするのがいい。

### よく合う味のテイスト

きのこは旨味が強いので、あまり味の強くない煮物や豆類などと組み合わせると、料理全体に味の深みが出ておいしく仕上がる。

### こんな調味料も！

和風、洋風、中華風など、どのような味つけにも合う。エリンギなど歯応えのあるきのこは、しっかりめの味つけにするのがおすすめ。

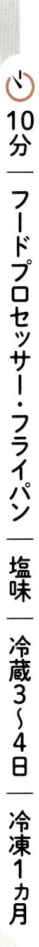

<table>
</table>

マッシュルームの甘味と旨味がきいた
やみつきソースは肉にも魚にも

# マッシュルームと
# しいたけの
# 万能ソース

**材料**（2人分）
**マッシュルーム……8個**
**しいたけ……6枚**
にんにく……1かけ
塩……小さじ1/3
こしょう……2つまみ
水……50ml
オリーブ油……50ml

## 作り方

1 マッシュルームは軸を取って半分に切る。しいたけは軸を取ってざく切りにする。にんにくは半分に切って芽を取る。

2 フードプロセッサーにすべての材料を入れ（または包丁で）、細かいみじん切りにする。

3 フライパンに2を入れて中火で熱し、全体がしんなりとするまで炒める。

**memo**
冷凍しておけば、クリームと合わせたり、牛乳で伸ばしてスープにしたりアレンジのきく万能ソース。

---

**作りおき**

グリルで焼いたきのこは
旨味がたっぷり！

# 焼ききのこのマリネ

**材料**（2人分）
**しめじ……1パック**（100g）
**まいたけ……1/2パック**（50g）
**エリンギ……1本**（40g）
A｜ オリーブ油……大さじ1
　｜ 塩・こしょう……各少々
B｜ しょうゆ……小さじ2
　｜ レモン汁……小さじ1
イタリアンパセリ……適量

## 作り方

1 しめじは石づきを取ってほぐす。まいたけはほぐす。エリンギは斜め薄切りにする。

2 ボウルに1、Aを入れて全体をよく和える。

3 アルミホイルに2をのせ、グリルで焼き色がつくまで7〜8分焼く。Bを回しかけ、イタリアンパセリを散らす。

**memo**
きのこの総重量を合わせれば、きのこの種類や量のバランスをお好みで変えてもOK。今回はグリルを使用しているが、トースターで10分ほど加熱してもよい。

アンチョビの塩味がきいたオリーブ油に
具材を加えるだけ！

# いろいろきのこと
# えびのアヒージョ

**材料**（2人分）

**マッシュルーム……6個**

**エリンギ……2本**（80g）

むきえび……100g

ブロッコリー……4房

| A | アンチョビフィレ……2枚 |
| --- | --- |
| | 赤唐辛子……1本 |
| | にんにく……1かけ |
| | 塩……小さじ1/3 |

オリーブ油……150mℓ

**作り方**

1 マッシュルームは軸を取る。エリンギは縦4等分に切り、半分の長さに切る。ブロッコリーはかためにゆで、水けをきる。アンチョビは粗く刻む。赤唐辛子は種を取り除く。にんにくは半分に切って芽を取る。

2 小さめのフライパンに油、Aを入れて中火で熱し、香りが立ったらえび、マッシュルーム、エリンギを加えて加熱する。

3 火が通ったらブロッコリーを加え、1分ほど加熱する。

**memo**
お好みでイタリアンパセリを加えたり、つけ合わせにバゲットを添えて一緒に食べてもおいしい。

---

**主菜**

豆腐がモチモチ！
あんをとろ〜りとかけて

# 豆腐ソテー
# きのこあんかけ

**材料**（2人分）

**しめじ……1パック**（100g）

**えのきたけ……1/2パック**（100g）

**しいたけ……2枚**

木綿豆腐……1/2丁（150g）

塩・こしょう……各少々

片栗粉……大さじ2

| A | みりん……大さじ2 |
| --- | --- |
| | しょうゆ・酒……各大さじ1 |
| | 白だし……大さじ1/2 |
| | すりおろししょうが……小さじ1 |

水溶き片栗粉……水小さじ2
　＋片栗粉小さじ1

ごま油……大さじ1

小ねぎ（小口切り）……小さじ2

**作り方**

1 しめじは石づきを取ってほぐす。えのきは石づきを取り、半分の長さに切ってほぐす。しいたけは軸を取って薄切りにする。

2 木綿豆腐は水けをきり、半分の厚さに切る。塩、こしょうをして片栗粉をまぶす。

3 フライパンに油を中火で熱し、2を入れて全体に焼き色がつくまで焼き、器に盛る。

4 3のフライパンに1を入れて炒め、Aを加えて具材がしんなりするまで炒める。水溶き片栗粉を加えてとろみをつけ、3にかけて小ねぎを散らす。

**memo**
今回はしめじ、えのきたけ、しいたけの3種類を使っているが、別の種類に替えてもおいしく仕上がる。

主菜

左側メニュー欄（縦書き）：
20分 ｜ ボウル・フライパン ｜ マヨネーズ味 ｜ 冷蔵3〜4日 ｜ 冷凍1カ月

3種類のきのこを使った
ボリューム満点の炒め物

# きのこと豚肉の めんつゆ マヨネーズ炒め

**材料（2人分）**

しめじ……1パック（100g）
えのきたけ……1/2パック（100g）
エリンギ……1本（40g）
豚こま切れ肉……100g
A｜ 酒……大さじ1/2
　｜ すりおろしにんにく……小さじ1
B｜ マヨネーズ・めんつゆ（3倍濃縮）……各大さじ2
サラダ油……大さじ1/2
青じそ（せん切りにし、さっと水にさらして水けをきる）
　……4枚分

**作り方**

1 しめじは石づきを取ってほぐす。えのきは石づきを取り、半分の長さに切ってほぐす。エリンギは食べやすい大きさに薄切りにする。

2 ボウルに豚肉、Aを入れて揉み込み、10分ほどおく。

3 フライパンに油を中火で熱し、2を入れて炒め、肉の色が変わったら1を加え、さらに炒める。

4 全体に油が回ったらBを加え、1〜2分炒めながらからめる。器に盛り、青じそをのせる。

**memo**
きのこはひらたけやまいたけなどを使ってもおいしく仕上がる。

右側メニュー欄（縦書き）：
20分 ｜ フライパン ｜ ポン酢しょうゆ味 ｜ 冷蔵3〜4日 ｜ 冷凍1カ月

溶けたバターがきのことたらに
じんわり流れてコク深く

# たっぷりきのこと たらの包み蒸し

**材料（2人分）**

えのきたけ……1/2パック（100g）
しいたけ……3枚
生たら……2切れ
にんじん……20g
酒……大さじ1
バター……20g
小ねぎ（小口切り）……小さじ2
ポン酢しょうゆ……小さじ2

**作り方**

1 えのきは石づきを取り、半分の長さに切ってほぐす。しいたけは軸を取って薄切りにする。にんじんはせん切りにする。たらは洗ってキッチンペーパーで水けを拭き取る。

2 クッキングシートを20cmほどの長さに切り、たら1切れをのせて酒半量をふる。えのき、にんじん、しいたけ、バターの順に半量ずつのせ、キャンディー状に包む。同様にもう1個作る。

3 2をフライパンにのせ、弱〜中火で蓋をして10分焼く。袋を開けて小ねぎを散らし、ポン酢しょうゆをかける。

**memo**
今回はたらを使っているが、鮭にしてもおいしく仕上がる。

## 副菜

**キムチのピリッとした刺激が**
**しめじとマッチして旨味爆発！**

# しめじのキムチ和え

**材料**（2人分）

**しめじ……1パック**（100g）

キムチ……80g

A｜白いりごま・ごま油……各大さじ1/2
　｜しょうゆ……小さじ1

**作り方**

1 しめじは石づきを取ってほぐす。キムチはざく切りにする。

2 耐熱容器にAを入れて混ぜ合わせ、しめじを加える。ふんわりとラップをして電子レンジで3分加熱する。キムチを加えて和える。

～～～～～～
**memo**
電子レンジ加熱ではなく、フライパンで炒めて仕上げてもおいしい。

**香ばしいエリンギステーキに**
**にんにくがきいてクセになる！**

# エリンギのステーキ ガーリックしょうゆ 炒め

**材料**（2人分）

**エリンギ……3本**（120g）

にんにく……1かけ

塩・こしょう……各少々

しょうゆ……大さじ1/2

オリーブ油……大さじ1

**作り方**

1 エリンギは縦1cm幅の薄切りにする。にんにくは薄切りにして芽を取る。

2 フライパンに油、にんにくを中火で熱し、香りが立ったらエリンギを加えて強火で両面さっと焼く。

3 塩、こしょうをふってしょうゆを回し入れ、調味料がなじむまで全体を炒める。

～～～～～～
**memo**
エリンギは薄切りではなく、縦半分に切ってソテーしたら歯応えを楽しめる。

きのこの豊かな香りに
やさしい味わいのそば

# きのこそば

材料（2人分）

**しめじ……1パック（100g）**
**えのきたけ……1/2パック（100g）**
**しいたけ……4枚**
そば……2束
鶏むね肉……1枚（280g）
片栗粉……大さじ3
A｜水……400mℓ
　｜めんつゆ（3倍濃縮）……150mℓ
　｜すりおろししょうが……大さじ1
三つ葉（ざく切り）……適量

## 作り方

1 しめじは石づきを取ってほぐす。えのきは石づきを取り、半分の長さに切ってほぐす。しいたけは軸を取って薄切りにする。

2 鶏肉は一口大のそぎ切りにし、片栗粉をまぶす。

3 そばは袋の表示通りにゆでて水けをきり、器に盛る。

4 鍋にAを入れて中火で熱し、一煮立ちさせたら1、2を加えて5分ほど煮込む。3にかけて三つ葉をのせる。

**memo**
鶏むね肉の代わりに鶏ささみ肉や鶏もも肉でもおいしく仕上がる。

---

**主食**

濃厚なチーズときのこの旨味が
凝縮されたおいしさ

# きのこの
# ミルクリゾット

材料（2人分）

**マッシュルーム……4個**
**エリンギ……2本**
ベーコン……2枚
にんにく……1/2かけ
米……1合
白ワイン（または酒）……50mℓ
A｜湯……400mℓ
　｜コンソメ（顆粒）……小さじ1
牛乳……300mℓ

B｜粉チーズ……大さじ2
　｜塩……ひとつまみ
　｜こしょう……少々
オリーブ油……大さじ2
パセリ（みじん切り）
　　……小さじ2

## 作り方

1 マッシュルームは軸を取り、5mm幅の薄切りにする。エリンギは縦半分に切り、1cm幅の斜め薄切りにする。ベーコンは1cm幅に切り、にんにくはみじん切りにする。

2 フライパンに油、にんにくを中火で熱し、香りが立ったらマッシュルーム、エリンギ、ベーコンを加えてしんなりするまで炒める。

3 米を加えて透き通るまで炒め、白ワインを加えて一煮立ちさせる。Aを加え、弱〜中火でときどき混ぜながら15分ほど煮る。

4 汁けがなくなったら牛乳を加え、5分ほど煮てBを加え、味をととのえる。器に盛り、パセリを散らす。

**memo**
全部で20分ほどかけて煮込み、水分がちょうどいい火加減で作れるようになれば上級者。

# 味つけ別さくいん

## 赤しそ味

もやしとたこの赤しそ和え……178

## 甘味

かぼちゃ大学いも……64

かぼちゃとあんこのトースト……65

キャロット蒸しパン……83

さつまいもオレンジ煮……151

さつまいもパイ……155

ごぼうのかりんとう風……160

## 甘辛味

七味風味の大根甘辛炒め……47

しっかり玉ねぎのポークジンジャー……69

きゅうりとハムの生春巻き……105

## 甘酢味

シャキシャキ大根のゆず風味漬け……47

玉ねぎ甘酢漬け……70

にんじんとセロリのなます……77

たらのにんじん甘酢あんかけ……80

れんこん甘酢……163

## 梅味

焼き厚揚げの梅しそおろしがけ……53

## オイスターソース味

揚げ大根と鶏もも肉のコク旨煮……52

玉ねぎとちくわオイスターソース炒め……70

にんじんのレンチン肉巻き……80

きゅうりのそぼろ炒め……103

ピーマンと鶏むね肉のオイスターソース炒め……119

たっぷりコーンのペッパーライス……132

小松菜と鶏むね肉のオイスターソース炒め……140

ごぼう入りルーローハン……161

れんこんと牛肉のガーリックオイスターソース炒め……164

もやしのチャプチェ風……176

## からし味

ピーマンとさつま揚げのからし炒め……122

## カレー味

キャベツのカレーチーズ炒め……34

大根カレー……51

かぼちゃのカレー炒め……58

玉ねぎのスパイシーソテー……74

赤パプリカとウインナーのジャンバラヤ……123

とうもろこしとナッツのスパイシー炒め……131

ごぼうと牛肉のカレー炒め……159

もやしのカレーナムル……175

## キムチ味

白菜チゲ……42

きゅうりのキムチ和え……106

ごぼうと豚肉のキムチ炒め……158

しめじのキムチ和え……184

### ごま味

トマトと鶏ささみ肉のごま中華和え……94

かぶと鶏団子のごま豆乳クリーム……147

### コンソメ味

かぼちゃシチュー……60

かぼちゃとアーモンドのスパイス炒め……63

玉ねぎと厚切りベーコンのポトフ……69

あめ色玉ねぎのオニグラ……75

にんじんのバターコンソメソテー……81

丸ごとにんじんのバターライス……83

ジャーマンポテト……86

さば缶のトマト煮込み……96

なすとベーコンのコンソメ炒め……114

ポークソテーブロッコリーソースがけ……127

とうもろこしとパセリの黒こしょう炒め……134

小松菜と桜えびのさっと炒め……137

かぶとしらすのパスタ……149

さつまいもとベーコンの洋風炊き込み……155

### 酸味

のり和え無限キャベツ……27

キャベツとサーモンのマリネ……29

白菜とわかめとちくわのごま和え……38

白菜と生ハムオレンジのマリネ……38

白菜とレモンの塩こうじ漬け……39

ラーパーツァイ……43

かぼちゃとカリカリ豚肉の南蛮漬け……62

にんじんレモンマリネ……82

ミニトマトの青じそマリネ……93

トマトブルスケッタ……97

縞々きゅうり漬け……101

ポリポリきゅうりの漬け物……102

きゅうりとチーズの洋風ちらし……107

揚げなすの南蛮風……109

なすとにんじんの塩昆布漬け……110

ピーマンじゃこねぎソースがけ……121

コーンフレンチサラダ……134

かぶとハムのレモンマリネ……145

ごぼうとベーコンのバルサミコ炒め……157

焼きねぎのゆずポンマリネ……169

ねぎとサーモンのカルパッチョ……171

### 塩味

たっぷりキャベツのメンチカツ……32

白菜と小えびのさっと煮……39

白菜とかにかまのとろーり卵とじ……41

白菜と鶏手羽元の参鶏湯……45

大根のめかぶ和え……54

かぼちゃのスコップコロッケ……60

かぼちゃと鶏もも肉のカシューナッツ炒め……61

玉ねぎと桜えびのかき揚げ……71

基本のにんじんしりしり……78

にんじん明太子炒め……81

クリーミーマッシュポテト……85

白身魚のせん切りポテトフライ……87

スライスポテトのカリカリ焼き……90

ラタトゥイユ……93

万能トマトソース……94

トマトおでん……95

トマトのふわふわ卵とじ……95

トマト入り肉団子フライ……96

冷やしトマトと青じそのカプレーゼ……97

ガスパチョ風……98

きゅうりとえびのジンジャー炒め……104

なすの挟み揚げ……112

ピーマンと豚こま切れ肉の焼きそば……123

ブロッコリーアンチョビ炒め……125

ブロッコリーとえびの旨塩ダレ炒め……127

とうもろこしとウインナーのかき揚げ……132

ふわふわコーン入りオムレツ……133

ほうれん草とベーコンのココット……139

かぶとザーサイのおかゆ……149

れんこんの青のりバター炒め……163

えびとはんぺんのれんこん挟み焼き……164

れんこんあんかけ焼きそば……167

チャーシューねぎ塩ダレ……170

もやしとザーサイの中華炒め……175

鮭のもやし中華あんかけ……176

マッシュルームとしいたけの万能ソース……181

大根おかかサラダ……53

大根ごはん……55

かぼちゃきんぴら……57

レンチンかぼちゃの煮つけ風……58

焼き玉ねぎの炊き込みごはん……75

にんじんとひき肉の炒り豆腐……79

しみ旨肉じゃが……88

ポテトもち……90

なすのかば焼き風……113

ピーマンのレンチン中華和え……117

ピーマンチャンプルー……120

ブロッコリーくるみ和え……128

とうもろこしの和風炊き込みごはん……135

春菊のナムル……137

春菊と納豆の袋焼き……139

小松菜とがんものさっと煮……142

ほうれん草と卵のチャーハン……143

かぶのそぼろ煮込み……146

白身魚のかぶら蒸し……147

かぶのすりながし汁……148

さつまいもとさつま揚げの煮物……152

七味風味のごぼうきんぴら……160

シャキッとれんこんつくね……165

れんこんもち……167

ねぎのバターしょうゆ炒め……169

もやしと豚肉の卵炒め……177

焼ききのこのマリネ……181

豆腐ソテーきのこあんかけ……182

エリンギのステーキガーリックしょうゆ炒め
……184

## しょうゆ味

キャベツと刻み昆布の浅漬け……28

白菜と鶏団子のさっと鍋……41

白菜の和風そぼろあん……42

くし形切り白菜のステーキ……44

とろとろ白菜と豚肉の春雨あん……45

ワンパンぶり大根……52

## ソース味

たっぷりキャベツのお好み焼き……35

## チーズ味

キャベツとカリカリベーコンの黒こしょう炒め……27

大根ステーキ濃厚ガーリッククリームソース……54

かぼちゃのガーリックパルメザンソテー……57

かぼちゃとベーコンのスペイン風オムレツ……61

かぼちゃ入りシュクメルリ……62

かぼちゃのニョッキチーズソース……65

にんじんと青じその梅チーズ和え……78

にんじんチーズ焼き……82

じゃがいもカッテージチーズ和え……86

フライドポテトスパイスチーズ……89

ポテトグラタン……91

焼きトマトのツナチーズ……98

ブロッコリーとたこのバジル和え……128

ブロッコリーと卵のチーズグラタン……129

とうもろこしとホットケーキミックスのケークサレ……135

ほうれん草のディップ……138

ほうれん草とココナッツのチーズカレー……140

さつまいもとチーズの青じそ春巻き……153

きのこのミルクリゾット……185

## トマトケチャップ味

キャベツとウインナーのミネストローネ……29

白菜とベーコンのガーリックケチャップ炒め……43

大根とウインナーのナポリタン……48

かぼちゃのケチャップ煮風……59

フライパンポテトピザ……91

ごろごろなすのミートパスタ……115

輪切りパプリカの肉詰め……119

ピーマンミニピザ……122

さつまいもと鶏もも肉の甘酢炒め……152

もやしナポリタン……179

## ナンプラー味

白菜とパクチーのアジアンサラダ……44

紫玉ねぎとパクチーのさば缶サラダ……73

かぶと鶏もも肉のアジアン炒め……146

たっぷりもやしのパッタイ……179

## にんにく味

キャベツとむきあさりのワイン蒸し……28

なすのアチャール……109

## バターしょうゆ味

とうもろこしと鶏もも肉のこんがりバターしょうゆ……133

## ピリ辛味

レンチンホイコーロー……30

白菜と厚揚げのピリ辛炒め……40

大根きんぴら……49

玉ねぎと鶏もも肉のチーズダッカルビ……72

にんじんとシーフードのチヂミ……79

じゃがいもと豚肉のカムジャタン風……87

たっぷりトマトのニューローメン……99

叩ききゅうりのピリ辛和え……101

きゅうりといかの豆板醤炒め……104

たっぷりなすのガパオ風……111

なすと鶏むね肉のチリソース炒め……112

ピーマンのコチュジャン炒め……118

麻婆ピーマン……120

ブロッコリーとひき肉のペペロンチーノ……129

さつまいもと牛肉のピリ辛炒め……153

ねぎと鶏もも肉のヤムニョムチキン……170

よだれ鶏ピリ辛ねぎソース……172

焼きねぎのジョン……173

たっぷりもやしの坦々スープ……177

いろいろきのことえびのアヒージョ……182

## ポン酢しょうゆ味

せん切りキャベツの皮しゅうまい……30

キャベツと豚肉のミルフィーユ蒸し……31

せん切りキャベツの和風コールスロー……33

白菜とかいわれ大根のなめたけ和え……37

白菜と豚肉のレンチンロール巻き……40

白身魚のレンチンおろし煮風……51

大根とのりのからみもち……55

きゅうりと蒸し鶏のサラダ……103

蒸しなすしょうがダレ……110

黄パプリカとツナのやみつき炒め……118

ブロッコリーと鶏むね肉のポン酢しょうゆ炒め……126

れんこんと鶏ささみ肉の梅じそ和え……165

ねぎと豚肉のゆずこしょう炒め……171

たっぷりきのことたらの包み蒸し……183

## マスタード味

キャベツと鶏もも肉のハニーマスタード炒め……32

にんじんマスタード炒め……77

ガーリックベーコンのポテトサラダ……89

さつまいものハニーマスタード炒め……154

## マヨネーズ味

巣ごもり卵トースト……35

大根マヨポンサラダ……49

大根豚しゃぶサラダ……50

かぼちゃとチーズのサラダ……59

ごろごろ玉ねぎのツナマヨ焼き……74

ブロッコリーと鶏ささみ肉のオーロラソース和え……125

白身魚のブロッコリーパン粉焼き……126

ほうれん草とかにかまのコーンマヨ和え……142

かぶのミモザサラダ……148

さつまいもとナッツのサラダ……151

ごぼうの明太マヨサラダ……157

もやしとハムのマヨサラダ……178

きのこと豚肉のめんつゆマヨネーズ炒め……183

### みそ味

キャベツと鮭のちゃんちゃん焼き……31

ふろふき大根からしみそダレ……48

紫玉ねぎとあじの洋風なめろう……72

冷や汁……107

なすと豚肉のごまみそ炒め……111

翡翠なすとみょうがのみそ汁……114

甘旨鶏ごぼう……159

すりおろしれんこんと崩し豆腐のみそ汁……166

ねぎのみそチーズ焼き……172

### みそバター味

焦がしキャベツのみそ汁……34

じゃがいもと鶏もも肉のみそバター炒め……88

### みそマヨネーズ味

キャベツとパプリカの
　温野菜みそマヨソースがけ……33

かぼちゃと鶏ささみ肉のみそマヨ和え……64

### ミルク味

とろとろ白菜のミルクスープ……37

焼きとうもろこしのポタージュ……131

### めんつゆ味

こっくり豚バラ大根……50

とろける玉ねぎの牛すき煮……71

輪切り玉ねぎのバターめんつゆソテー……73

じゃがいも明太子炒め……85

すりおろしトマトのそうめん……99

なすのそうめん風……115

ピーマンの焼き浸し……117

ピーマンとちくわの甘辛炒め……121

春菊の白和え……141

春菊とツナの和風パスタ……143

ごぼうと鶏手羽先の梅煮込み……158

たっぷりごぼうの煮込みうどん……161

たっぷりねぎの釜玉うどん……173

きのこそば……185

### ゆずこしょう味

かぶのゆずこしょう炒め……145

れんこんとそぼろのゆずこしょう炒め……166

### ヨーグルト味

かぼちゃのヨーグルトソースがけ……63

きゅうりのタラトール……102

きゅうりのライタ……106

春菊とアボカドのシーザーサラダ……141

さつまいもとりんごのサラダ……154

### わさび味

きゅうりのわさび納豆和え……105

焼きなすと青じそのさっぱりわさび和え……113

ほうれん草としらすのわさびじょうゆ和え……138

### 渥美まゆ美（あつみ まゆみ）

「株式会社 Smile meal」代表取締役。管理栄養士・フードコーディネーター。商品開発や出版、レシピ開発、メディア出演など多岐にわたり活動。2016年に「株式会社 Smile meal」を設立。食を通して人々の健康につながる料理の提案や売れる商品作りのお手伝い、健康セミナー講師や料理講師、管理栄養士の栄養相談で企業の健康経営サポートも手掛ける。テレビ出演多数。

| | |
|---|---|
| 撮影 | 吉田篤史 |
| スタイリング | 本郷由紀子 |
| 本文デザイン | 三木俊一＋髙見朋子（文京図案室） |
| カバーデザイン | 三木俊一（文京図案室） |
| 調理師アシスタント | 坂本ひかる＋安井友美＋Shie＋高橋はるな＋河村祐茉＋堀口泰子＋植草真奈美 |
| 編集協力 | 丸山みき（SORA企画） |
| 編集アシスタント | 岩間杏＋永野廣美（SORA企画） |
| 校正 | 株式会社ぷれす |

# 無理なく、おいしく使い切る!
# 野菜たっぷりレシピ

| | |
|---|---|
| 著　者 | 渥美まゆ美 |
| 発行者 | 池田士文 |
| 印刷所 | 三共グラフィック株式会社 |
| 製本所 | 三共グラフィック株式会社 |
| 発行所 | 株式会社池田書店 |
| | 〒162-0851 |
| | 東京都新宿区弁天町43番地 |
| | 電話 03-3267-6821（代） |
| | FAX 03-3235-6672 |

落丁・乱丁はお取り替えいたします。
©Atsumi Mayumi 2025, Printed in Japan
ISBN 978-4-262-13095-8

**[本書内容に関するお問い合わせ]**
書名、該当ページを明記の上、郵送、FAX、または当社ホームページお問い合わせフォームからお送りください。なお回答にはお時間がかかる場合がございます。電話によるお問い合わせはお受けしておりません。また本書内容以外のご質問などにもお答えできませんので、あらかじめご了承ください。本書のご感想についても、当社HPフォームよりお寄せください。
**[お問い合わせ・ご感想フォーム]**
当社ホームページから
https://www.ikedashoten.co.jp/